韩美林口述史

冯骥才 著

炼狱
·
天堂

人民文学出版社

图书在版编目(CIP)数据

炼狱·天堂：韩美林口述史／冯骥才著．—北京：人民文学出版社，2016

ISBN 978-7-02-012186-1

Ⅰ．①炼… Ⅱ．①冯… Ⅲ．①韩美林—生平事迹②韩美林—艺术评论 Ⅳ．① K825.72 ② J052

中国版本图书馆 CIP 数据核字（2016）第 277313 号

责任编辑　**安　静**
装帧设计　**刘　静**
责任校对　**韩志慧**
责任印制　**苏文强**

出版发行　人民文学出版社
社　　址　北京市朝内大街 166 号
邮政编码　100705
网　　址　http://www.rw-cn.com

印　　刷　北京瑞禾彩色印刷有限公司
经　　销　全国新华书店等

字　　数　126 千字
开　　本　889 毫米 ×1240 毫米　1/32
印　　张　8.25　插页 2
印　　数　1—10000
版　　次　2017 年 4 月北京第 1 版
印　　次　2017 年 4 月第 1 次印刷

书　　号　978-7-02-012186-1
定　　价　55.00 元

如有印装质量问题，请与本社图书销售中心调换。电话：010-65233595

前言 /1

上卷
炼狱

第一章 苦难序曲 /7
一、祸从口出 /8
二、里通外国 /17
三、九区十八岗 /23
四、1967年4月7日 /32
五、九天 /42

第二章 炼狱正史 /47
一、洞山100号 /48
二、十八层地狱 /55
三、女犯人 /65
四、假枪毙 /72
五、最后三句话 /80

第三章 重返人间 /97
一、人间 /98
二、光明与阴影 /106

下卷
天堂

第一章 对一个艺术王国的探访 / 123

第二章 三原色（远古·民间·现代）/ 151

第三章 四兄弟（绘画·天书·雕塑·设计）/ 177

第四章 一个人的敦煌 / 217

附录：

大话美林 / 234

神笔天书 / 242

意象山水 / 247

向一位天才的艺术家致意 / 250

在北京韩美林艺术馆开馆仪式上的致辞 / 253

在杭州韩美林艺术馆开馆仪式上的致辞 / 255

在银川韩美林艺术馆开馆仪式上的致辞 / 257

韩美林艺术馆（银川）馆记 / 259

前　言

有一次我对韩美林说:"我和你几乎是一生的朋友,可我一直欠着你一件事,我应该为你写一本书。"

我说的这本书,可不是一般意义的评传;尽管他身上充满传奇,但这更不是一部传奇。这是一本揭示他个人的心灵史和特立独行的艺术世界的书。我知道,对于很多人来说,韩美林是一团解不开的谜,甚至是一个奇迹,很难走进他的深层,真正明白他。我想,我一直自信了解他——他这个人,以及他的艺术;将他了然地揭示出来这件事还是我来干吧。

在与他至少三十五年不间断的交往中,我一直有意或无意地感受他,还以作家冷静、探究、职业的目光观察他和认知他。我承认即便如此,我对他仍有难解之惑。我所说的,并非他永无穷尽的精力与能量、不竭的艺术激情与灵感、磅礴的源源不绝的创造力,因为这一切都来自天赐。与生俱来的东西是无法研究的。

我是指他身上有一个奇特的现象,就是他曾经遭遇过闻所未闻、几近极致的屈辱与折磨。我和他是同代人,我知道折磨二字的真正含义。我本人也经过严酷的磨砺,但我与他不同,我更多是精神上的,他包括肉体。他和张贤亮有某种相似,他们的遭遇是命运性的,又是传奇性的。

可是我不明白,为什么在他的画里,却找不到这些历史的阴影。没有愤怒、嫉恨、愁苦与伤感,没有这种心理的表达、宣泄,乃至流露。在他的艺术中,从题材、形象,到境界、情感、色彩,全是阳刚,明澈,真纯,浩荡,全是阳光。就像大海,经历过惊涛骇浪,却决留不下一丝阴影。他的心灵里也全是阳光吗?他可是用心灵作画的画家呵。这究竟为了什么?他是有意将那些不堪回首的往事拒绝于画外,是躲闪或回避,还是那些命运中阴影从来就没有进入他的心中?那么他的艺术与人生是怎样一种非同寻常的关系,我琢磨不透。

这个现象并非韩美林独有的。在西方,比如梵高。我曾去巴黎郊区的奥维和小镇寻访梵高人生最后的住所。在那间不到八平方米的坡顶、阴影重重的小屋里,至今还遗留着他生前贫苦的氛围。他经常饥肠辘辘地作画,但他画中的色彩却无比美丽灿烂,充满着生命的活力与魅力。

绘画史上有两种画家。一种是八大和蒙克,个人心灵的苦痛全部深刻地体现在自己的笔下。还有一种是梵高,是韩美林。背负着命运的黑暗,艺术却向往光明。

莫扎特也是如此,在他快乐的旋律中找不到他本人任何的不幸。

前　言

记得二十世纪八十年代初，韩美林对我讲过自己患难之时遇到过一个知己——一条小狗的故事。我曾用这个素材写过一部中篇小说《感谢生活》，发表在冯牧先生主编的《中国作家》上。这也是我拥有国外译本最多的一部作品。然而，我读过海内外一些关于这部小说的评论，遗憾地发现，没人能理解这小说是在探索这种艺术心灵的奇迹，反而谴责我歌颂当时中国社会的反人道，为什么要去"感谢"那样的生活遭际？

韩美林却告诉我：真正的艺术家确实是非同常人。他们是艺术的圣徒，他们用生命来祭奠美，即使在苦难中，身边堆满丑恶，他们的心灵向往、寻求和看到的仍然是美。我最近在一部非虚构的自传体的作品《无路可逃》中的一节，描述了"文革"中我所交往过的这样的一些人，他们默默无名，但虔诚地挚爱着艺术，充满美的向往与渴望，在贫瘠的日子里过着精神上富有的生活。我称他们为"艺术家生活圆舞曲"——当然这是畸形的圆舞曲。我相信自己理解韩美林。可是，在今天，这种真纯的艺术家是稀有的。我常常为有这样的艺术家在身边而感动。

然而，在小说《感谢生活》中，我采用的是小说的方式，将我对他这种艺术家的感知表达出来。现在，我更想做的是，对这种艺术家的心灵本质做更深入地探讨，而且要用他自己的话直接表述自己。我决定使用大卫·杜波（David Dubal）的《梅纽因访谈录》

的方式,通过对话式的访谈,进行心灵追寻;以他本人的口述直接呈现他的心灵。口述的价值是第一手的、现场的、直接的和本人的。惟其这样,才能证实这样一种非同寻常的艺术家确凿的存在,同时使身在弥漫着市侩与庸俗烟雾里的我们,还能够找到对艺术的信心。

为此,我在文本上分为两部分。上半部分为"炼狱",下半部分为"天堂"。"炼狱"是韩美林人生经历及其本人的感知,这部分基本采用对谈式口述自传的方式。当然,这里的自传主要是他的受难史;"天堂"则通过对艺术家心灵的解析,探讨韩美林艺术世界的独特与深层的本质。

全书的主题是寻找他究竟怎样一步步从黑暗的炼狱到达通明的艺术天堂。

为了文本和版面的简洁,访问者冯骥才简称"冯",被访者韩美林简称"韩"。

前言数页,亦做序语。

2016.6.6

2016.8

上卷

炼 狱

> 在清水里泡三次,在血水里浴三次,在碱水里煮三次,我们就会纯净得不能再纯净了。
>
> ——摘自阿·托尔斯泰《苦难的历程》

冯：现在，我开始做你的口述了。你可得做好准备，我可不是做你的传记。我知道你这个人很传奇，穷苦出身，十三岁就参军做通讯员；你还是个绘画的神童，十八岁就出版了两本美术教育读物——我还收藏着你这两本《绘画基本知识》和《小学图画教学参考画集》呢，那是1954年山东人民出版社出版的吧。然而你的口述，要从你"陷入苦难"开始。这才是我的工作。我要求从现在起，你要回到你苦难的过去；我知道你的苦难像一座炼狱，知道你这个炼狱里是什么滋味——

韩：哎，不对了。你怎么可能知道我这个炼狱的滋味？这可是十八层地狱万劫不复的一层呵。

冯：那我对你的要求有点残忍。可是如果你不重新回去一趟，讲透过去，如实回答我的话，我无法揭开你的内心。

韩：这个我不怕。你总不会比"文革"厉害。你就来吧，跟着我入"炼狱"吧。

两本少年时期的美术出版物封面（1954年）

上卷
炼狱

第一章
苦难序曲

一、祸从口出

冯：好。我们的谈话单刀直入。你是哪年被抓起来的？在中央美院吗？

韩：不，是在安徽的淮南瓷器厂。可是我的祸根在中央美院。

冯：张贤亮的祸根是他写的一首诗《大风歌》，他写这首诗时十七岁，为此他先后五次入狱，坐了二十二年牢。你呢？为了什么？

韩：言论，爱说牢骚话。

冯：自从1957年"反右"开始，知识分子的灾难多半因为言论。你在中央美院那时是学生，还是教师？

韩：开始是学生。我1955年从济南考进中央美院，转年成立中央工艺美院时，我被安排到中央工艺美院上学。我的老师是庞薰琹、柴扉、郑可。庞薰琹是我的恩师。

冯：他们都是杰出的艺术家和美术教育家。你当时只是一个青年学生，会在什么时候发表"问题言论"？1957年"大鸣大放"的时候吗？

韩："反右"在美院翻天覆地，许多教授都被打成"右派"，包括我几位老师庞薰琹、郑可等都成了"右派"；工艺美院总共才八十一人，

上卷
炼 狱

穿军装的照片（摄于 1949 年 4 月 12 日）

十八人被打成"右派"。连设计国徽的高庄也成了"右派"。当时我年纪太轻，又是学生，还轮不上我们。再说我是穷人家出身，十三岁就参军了，自信对国家对革命忠心不贰，脑袋里的"政治"很简单，就是共产主义吧。能说什么反动话特务话吗？可是自从"反右"之后，脑袋里的想法就多了一些，看不惯的事情便发议论。"大跃进"中虚的假的看不惯，把知识分子全弄下去劳动看不惯。我向来管不住自己的嘴，心里有话就得往外说。比如我说全民大炼钢铁时炼的钢都是废铁渣子，是我编的吗？再比如，我们跑到白洋淀写生时听当地农民说闹饥荒时饿死了很多人，死人用船往外运，这也不是我造出来的，老百姓会瞎编吗？

冯：拿这些话定罪就有点荒唐了。

韩：更荒唐的事还多着呢。比方，班里上辩论课。安排我和另一个同学做"反方"，大家做"正方"，辩论的题目是"美国搞原子弹好不好"。反方就是"敌方"，要极力说原子弹好，这样才好激发大家做出更有力的反驳。实际上我们也认为原子弹不好，可是我们不是扮演敌人吗？大家说原子弹怎么怎么不好，我就说"你再说我们老美不好就扔个原子弹炸你们"。没想到，这些扮演反方的话，最后都成了我美化美帝国主义、仇恨人民的反动言论。

冯：当时就这么定性了？你不会申辩吗？

韩：申辩？和谁申辩？你根本连知道也不知道，这些话就全记在档案里

上卷
炼 狱

第一章
苦难序曲

了。我档案里乱七八糟吓人的东西多着呢,不过当时一点也不知道。

冯:这可有点可怕,这说明暗中一直有一支笔记下你的一言一行。你是什么时候知道的?

韩:倒霉的时候,"四清"。到了"四清"——"清政治、清经济、清思想和清组织"的时候,这些掖在档案里的东西,就当做罪状全端出来了。"四清"是"文革"的前奏,已经开始无限上纲了,一上纲,全是罪大恶极!比如说"大炼钢铁"炼的是废铁渣子,那就是反对"三面红旗"。"三面红旗"谁提出来的?毛主席!那就是明目张胆、丧心病狂地反对毛主席。你说问题有多严重?平常的牢骚话在运动里问题就大了。

冯:"四清"是1963年,那时你二十七岁,应该已经从中央工艺美院毕业了。

韩:我1959年毕业。毕业后因为我画得好,不少作品已经在报刊上公开发表了,在学院是公认的高材生,就被留在装潢系做老师。可是自从1957年"反右"以后,对"问题言论"的告密多起来了。我做老师期间,一直就是被告密的对象。

冯:因为1957年的"右派"都是"祸从口出"。有一点我不明白,"反右"时你的老师们全都是因为言论问题被打成"右派",你怎么没有从中吸取到教训?是不是你认为自己出身穷苦,少年参军,"根正苗红",不可能把你看做"反动派"?

1959年大学毕业时同学们的合影照

韩：可能有吧。最主要是我脑袋里没政治，对政治也不敏感，脑袋里全是画。当时，中国最棒的画家一多半都挤在中央美院和中央工艺美院两座学校里，齐白石、徐悲鸿、李苦禅、江丰、吴作人、蒋兆和、张光宇、郑可、庞薰琹、叶浅予、周令钊、黄永玉等，都是教授，可厉害了，有的还给我们讲过课。那时我画画的劲头十足，想当画家，当个很棒的画家，没把说几句牢骚话当回事。我只听人说我是"只专不红"，我申请入团一直不要我，可是没听人说过我反动。

冯：你对政治不敏感，不见得政治对你不敏感。搞艺术的用艺术的眼光看政治，搞政治的用政治的眼光看艺术家。政治的判断是利与害，艺术的判断是美与丑。但是当你说某些政治是丑的，它就会把你当做有害的。你是什么时候出事的？

韩：刚才我说了，"四清"。

冯：就在中央工艺美院吗？

韩：不，在安徽。

冯：怎么会在安徽？你下去搞"四清"了吗？还是犯了什么错误被贬到安徽去了？

韩：你这个"被贬"的说法沾边，可表面不是。1963年安徽要建立美术学院，派省委宣传部部长赖少奇来到工艺学院请求支援，说是派个艺术上得力的人去帮助他们铺摊子，最多三年，建好后就回来。学院领导把我的画拿给他们一看，他们很高兴，马上表示欢迎。

在中央美院做教师时的照片

学院领导就决定派我去。我还觉得挺光荣呢，哪里知道这是借故把我一脚踢出工艺美院。

冯：因为他们掌握了你的"言论问题"，这是变相的一种发配？

韩：对了！可是我完全不知道。我那时刚结婚，婚后第八天，就带着老婆和二个学生到安徽合肥的轻工业研究所报到，我一心想着铆足劲儿大干一场，帮他们把美术学院漂漂亮亮立起来，然后尽快返回北京。这时候我在北京干得正起劲呢，许多人都来找我画画。连夏衍、范瑾、冯牧都找我为他们设计封面，田汉的剧作《窦娥冤》也是我画的封面。对了，一次邓拓看到我的装饰画，还配了一首《踏莎行·寨歌》。我真想快去快回，返回到北京文化的氛围里，北京的文化氛围比哪儿都浓。可是一年后安徽这边的美术学院还没有影子，"四清"运动就来了，居然把我弄了起来。

冯：为了什么？

韩：首先是在中央工艺美院档案里的事，"四清"一来给一条条全亮出来了，我一听就傻了，平日里的牢骚话全被人记下来了。这都是谁告的密、谁记下来的呢？我感觉后脊梁冒冷气。别看这些话平时找不到头上，临到运动里一上纲，句句够喝半壶的。这时我才明白，原来我韩美林是背着一大箱自己的黑材料跑到安徽找死来的。好像人家事先在这儿给我挖好一个坑，再把我推过来。

冯：那就别叫冤了，这就是命中注定。

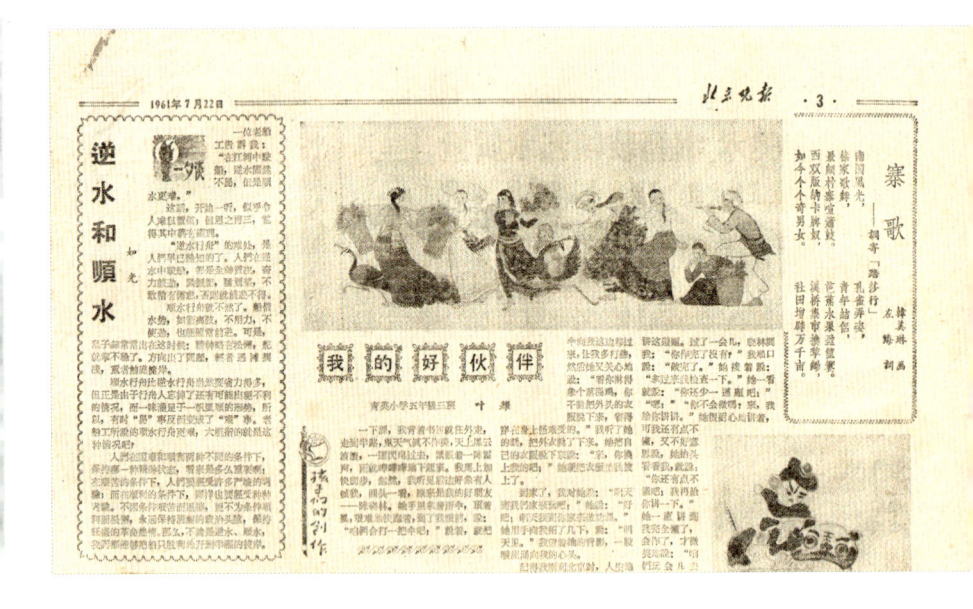

《寨歌》（韩美林画，邓拓题诗）发表于
1961年7月22日《北京晚报》

二、里通外国

冯："四清"整你，除了言论，还有别的什么事吗？

韩：还有一个问题。这问题不在北京，是在安徽，非常严重，比言论问题大百倍，死罪，但根本不存在。

冯：我听不懂。

韩：这件事情得分两头说。一头是孔雁和她的男朋友。孔雁是我们轻工业研究所的一个女技术员，上海人，气质不错，喜欢艺术，跟我聊得来，关系挺好。她的男朋友姓赵，在国防科委搞原子弹研究。他从研究基地出差去上海，身上带着绝密材料，在前往上海途中拐个弯儿来合肥看他的女朋友孔雁。他这行动是私自决定的，没告诉他的单位，致使在上海接站的人没接到他。可是他身上有保密材料呵，接站的人没见到他，失联了，事情就大了。虽然他在合肥只待了一两天，因为他瞒了组织，被引起怀疑，怀疑他泄密或贩卖情报。

冯：可是这事与你有什么关系？

韩：这要说事情的另一头。就在这两天正巧我去上海探亲，看我的母亲。我在中央工艺美院上学时，有个同学叫谢列克，是波兰的留学生。谢列克和我关系不错，他有个爱好与我相同，就是集邮。我与他多年没见，这次我来上海探亲，到集邮商店逛逛，没想到与他不期而遇，老同学见面很亲热。那时他在上海波兰领事馆工作，我也不清楚。我们就跑到一家咖啡店里去喝咖啡，叫安全部门注意上了。

冯：那时社会相当封闭。外国人都被视做"敌人"，总和外国人混在一起就会被认为不会有好事。你和一个金发碧眼的人闹得挺热乎，当然叫人怀疑上了，盯上了。

韩：这就是事情的两头，一边是携带国家机密情报的人失联了，一边是与外国使馆的关系不清不白，都是疑点，都不是小事。

冯：可是这两头并没任何关系呵。

韩：可这两头都与孔雁有关系，也都在上海。

冯：你见到孔雁的男朋友了吗？

韩：我根本就不认识孔雁的男朋友，直至今天也没见过他，连他长什么模样，名字叫什么也不知道。

冯：那会有什么事？

韩：你听我说。这两头都跑到了我们合肥的轻工业研究所来调查。国防科委和公安部来调查孔雁的男朋友"泄密"的事，上海的安全部门来调查我与外国使馆人员"秘密接头"的事，由于我和孔雁关系不错，他们就把这两件事联系到一起。

上卷 炼狱

第一章 苦难序曲

冯：我不明白，是怎么联系到一起的？

韩：很简单，就是说孔雁的男朋友在上海"失联"时，把绝密的材料交给我，我在与谢列克喝咖啡时，偷偷把情报给了波兰大使馆。你说说这是不是有点像间谍影片了？

冯：这事如果是真的，就是死罪了。

韩：特务，出卖国家重大机密，叛国。

冯：可这完全是假设，是虚构，子虚乌有，没有事实根据呵。

韩：那时根本不需要事实，怀疑你就整你，逼你承认。你愈说没有，整得愈凶，给你的压力愈大。

冯：他们没凭据怎么整你？

韩：凭据就是怀疑。"四清"期间他们不是把我的档案全折腾一个够吗，还发现我在工艺美院时，与另外几个外国学生关系"不一般"，一个伊拉克的，一个蒙古的，好像还有一个保加利亚的；其实不过是他们喜欢我的画，与我关系不错，没想到这些关系也早被作为疑点，记在我的档案里。

冯：看来，在你的档案里，你绝对不是好人。

韩：你认为你对国家忠诚不贰，自己纯洁得像一张白纸，你在人家眼里却是一张画满了污点的纸，甚至是黑纸。但你不知道，你还傻乎乎地以为人家信任你呢。

冯：他们把你与这几个外国留学生的关系，同这件疑案全都联系在一起了。

韩：何止联系在一起，这些全是我里通外国做特务的"重要线索"，我和每个留学生的关系全要查个底儿掉。

冯：又是反动言论，又是里通外国，问题相当大了。

韩：我"里通外国"是重大疑案，公安部、国防部和安徽公安厅联合立案侦查，省委书记亲自坐镇，势头极猛。我又是从北京来的，被看得很重，成了整个安徽轻工业厅和文艺界头号的运动对象。狠整我死整我，恨不得把我整成蒋介石。

冯：搞运动就是要整出人来，人物愈大成绩愈大。那时的政绩不是GDP多少，是整出的人多少。你害怕吗？

韩：当然怕，我可不是英雄。我当时只有二十几岁，从来没碰过这种政治上的事，这样的来头和架势，遇到这样排山倒海的压力。

冯：什么样的压力？

韩：审讯，像审犯人那样审讯，逼着你招，按照他们想象的那样一条条全认了。我能承认这些根本没有的事吗？我这人嘴硬，我不认；他们就开批斗会，给我施压，而且一次次加大压力，这种场面我没经过，还有一个个人站出来当场揭发我。

冯：哪些人揭发你，揭发你什么？

韩：没有的也揭发。有个上海人说他脸上的疤是1939年被我从楼上推下来摔的。1939年我才三岁。那时他在上海，我在济南。这种荒

上卷 炼狱

第一章 苦难序曲

唐透顶的谎言也在大会上揭发,大伙还跟着喊口号,打倒我。

冯:他为什么"揭发"你,出于什么目的?

韩:我理解这个人,他出身资本家,运动中他也有压力,他必须争取表现,那就得狠狠打击我。我不能理解的是,我的一个学生也跳出来揭发我,虽然他的动机也和他出身不好有关,他是地主出身,可是我平时待他特别好。有了稿费粮票常拿出一些放在他的枕头下边,平时心里话常跟他念叨,当然也就会有一些牢骚话、对社会不满的话对他说说。批斗会的头一天,他悄悄对我说,你放心,我决不会检举你。没想到,第二天批斗会上第一个跳上台揭发我的就是他。说我有一次看到报上刊登毛主席在招手的照片,就说"如果他知道大跃进时饿死多少人,就不会这么高兴了"。这话确实是我说的。可是,当时屋里只有我俩,他不说,没人知道。他的揭发给我增加了一条重罪。

冯:你这几句话在当时确实够得上"反动言论"了。我的一个朋友,湖南人,教语文的,运动中对他揭发最致命的就是平日最贴近他的学生,对他最知根知底,伤害也就最深。

韩:更深的是我老婆。她把枕边的话全检举出来了。

冯:你真是万劫不复了。

韩:我对这个事太绝望了。像我这样一个穷人家出身并参了军的人,一个纯洁的人,竟遭到这种事,这算是革命对我的一种奖赏吧。

我哥哥那边也声明和我划清界限，不准孩子再叫我二叔。可是，当我老婆提出和我划清界限时，我感到万念俱灰！我的家完了，心里的抱负也完了。我曾经有那么大的抱负，想当个好画家，为社会为国家做贡献，这下子全毁了。天天批斗会后，把我关进一个小屋写检查、认罪材料，公安厅的人在门外守着我，我已经没什么指望了，我想死。

冯：你有过行动吗？

韩：自杀吗？有，我自杀过。一次上厕所，我看见地上堆了一堆石灰，又脏又臭，还有蚂蚁和虫子，我大把大把抓起来往肚子里吞，吞得真不少呀，我想用石灰把我烧死，可是没想到石灰时间长了，变质了，不会烧人，反而有钙，嘿嘿，倒给我补钙了。我没死成，可是我的志向破灭了。你知道一个人的志向破灭是什么滋味吗？

冯：如果从社会意义上说，我也尝过。但没有你经历得这么残酷。你"四清"运动的这些事最后是怎么了结的？

韩：里通外国的事没法证明，连我见过孔雁的男朋友的说法也证明不了，最后只能不再提了，听说后来孔雁的男朋友调离了原单位，孔雁也从研究所调走了。但是我的言论问题跑不了，结论是"内定反革命分子，帽子拿在群众手里"，下放到淮南瓷器厂劳动改造。

冯：这是哪一年？

韩：1964年5月。在合肥一次批斗后，直接送到淮南。

三、九区十八岗

冯：淮南瓷器厂在什么地方？

韩：合肥以北的八公山的地方，淮南，这个地方俗称九区十八岗，很荒凉，很野。

冯：这是什么样的地方，能说是很野？

韩：淮南这城市过去叫做"狗撒尿"的城市。城区很分散，这一片，那一片，早先人们在这里开矿形成的。哪儿有矿，就哪儿落脚，互不连着，单是火车站就有九个，一个区一个，散落在八公山下，俗称九区十八岗。八公山不高，名气并不小，成语"草木皆兵"就出自这儿，《资治通鉴》上有记载，你可以去查。这些地方的人没文化，民风剽悍，历史上出土匪，有句俗话叫做"九区十八岗，岗岗出土匪"。瓷器厂在蔡家岗的土坝子。

冯：一个小厂子吗？

韩：不，规模很大。两千多人。

冯：这么大的瓷器厂，生产什么？

淮南古镇的残墙，今已不存

韩：主要是大瓷碗。附近一些省农村使的碗都是这里做的，产量很大。

冯：是那种粗瓷的青花大碗吗？

韩：比那种碗还粗。上边的花不是画的，是喷的。这种碗有个歌儿"吃饭戴口罩，刷碗戴手套，放在屋里怕老鼠咬，放在院里怕麻雀叼。"为什么老鼠会咬、麻雀会叼？因为碗上的沙眼很大，大的像洞眼，米渣饭粒会留在里边，老鼠麻雀就找上来了。

冯：你在瓷器厂干什么呢，既然都是喷花，没有你画画的活可干了。

韩：画画？美得你。我是劳改对象，粗活、苦活、最重最吃力的活都给了我。我被分配到三车间，车间里五个人一组，只有我一个是男的，其余都是女的。女人拉坯、喷花。我运料、搬运、装窑。烧瓷碗时，一长条板案上放三十个碗坯子，六十斤重，要一条条扛进窑内摆好，摆好碗坯后就守在窑前捅炉子，人就像上了发条一刻不停，这种馒头窑的温度必须达到1200℃，车间温度在50℃以上。到了夏天，只有疯狂地喝水，反正水随便喝。我感觉我自己就像个碗坯子，不定哪一天烧成个碗就不受这个罪了。

冯：你过的生活怎样？

韩：不是人的生活，除去像牲口一样干完活睡觉，睡完觉干活，没人理我。我是反革命，谁敢理我？人人还要监视我。

冯：你的老婆也跟你到瓷器厂了吗？

韩：她已经与我划清界限了，还会跟着我来劳改？

冯：你先安静一会儿，我们先不谈这个了。我想知道这期间，你有没有遇到一点温情的东西，哪怕一点点？我的人生经验是，人在落难时，总是会碰到一些人情的温暖。这恐怕就是我们常常说的"老天的眷顾"了。哪怕就这一点点，都会给处在绝境中的我们以很大的支持。

韩：有。

冯：谁给你的？他是谁？

韩：一条狗。

冯：就是你那出名的"患难小友"吗？再说一说，这是什么样的一条狗？

韩：刚才我说了，我天天基本上是一个人干活，活着，没人理我。吃饭时我独自坐在一棵柳树下边吃，别人都离我远远的。这时总有一条狗走到我跟前，围着我转，看看我。它是厂里一位姓杨的师傅家养的。我想它是不是也挺饿，我就从碗里夹块肉皮、菜叶、面片给它，或者扔一小块馒头给它，渐渐它和我成朋友了。它长得不好看，深棕色，发黑，没什么模样，没人理它，它常摇着尾巴围着我转，跟我玩。我干活时，那些地方热极了，它非要跑过来陪着我，也不怕炉前的地面烫脚，还常常有火星子。它总来找我，有时我就跟它说两句话。

冯：还说牢骚话吗？说犯歹的心里话和不满的话吗？

上卷
炼狱

第一章
苦难序曲

韩：我说，它也不会揭发我。在当时，这世界上惟一不会揭发我的只有这条狗了。没想到吧，到头来把你当做朋友，你敢对它说心里话的，竟然是一条狗。

冯：这是你的幸运，也是那个社会的可悲。

韩：我那时确实体会到你说的"幸运"。

冯：你管它叫什么？

韩：儿子。

冯：噢？真叫它儿子吗？

韩：是呵，就叫儿子。

冯：你叫我体会到你对它有的一种伟大的感情，高过人间的情感，还使我想起作家周克芹曾对我说过的一句话：儿子是忠实的。

韩：我讲给你一个细节。我在淮南瓷器厂干了一年多，厂里看我人挺老实，还有我是画画出身的，喷的花儿也比他们强，渐渐成了车间里喷花技术的"权威"了，车间的头头对我就有一点信任感了，一次派我外出买一趟东西。那天我跑到火车站要上车——我不是说这城市有九个车站吗？从这边去那边就坐火车。临上车时，这"儿子"居然冒出来，叼住我的衣襟，死拽着我。我说我出去办事，当天就回来。它不干，我硬是摆脱它上了车。它就在车后边追，它哪里追得上火车呢？看着它呼呼地跑着追火车的样子，叫我感受到一种感情，这是一种什么感情？你说说。

冯：感情最高的境界是纯粹的感情。老天还算公平，在人间把你的感情肆掠一空时，把这只狗给了你，而且是绝对纯粹、毫无功利的感情。你失去了自己的女儿，老天给了你一个儿子。

韩：是，你说得对。

冯：我想知道你还画画吗？

韩：画。

冯：你不是所有绘画的抱负和志向都被毁灭了吗？

韩：可是我忍不住呀，我好像本能地在画。

冯：我刚才说过，其实只是在社会意义上毁掉了你的志向，但在艺术上、你的天性上，你绘画的"抱负与志向"依然存在。这才是最重要的。

韩：是的，谁也别想毁掉我画画的本性。我是为了画画才到这个世界上来的。

冯：你说的是艺术家的天性，这也是艺术无法在血缘上遗传的原因；但这种天性只属于一个真正的艺术家。

韩：可是有人想改变艺术家的天性，想叫咱们按他的意思画画。

冯：那就看你是否守得住自己了。被扭曲可能比被毁灭更糟糕。这期间你画什么画？

韩：心里冒出什么就画什么。画可爱的形象，也画某些人丑恶的嘴脸，还有各种构思、构图、设计、草图。

冯：你用什么材料画？

韩：到处拾来的、找来的纸片子。

冯：笔呢？

韩：自制的，我用狗毛绑的。我还把这些画订成一个本子，在封面上写了两个字——纳步。

冯：为什么取名叫《纳步》？

韩：就是留下艺术的脚步。

冯：单从这个名字就能看出，在这种境况下，你对自己的艺术还是有想法的。

韩：这本《纳步》的命运也挺奇特。我们厂里有个工人叫小潘，他喜欢画画，把《纳步》借去了，"文革"一来，我被抓起来后，他就把这个画本拆开，将画页藏在他家镜框子后边，等我后来放出来，他又装订好还给了我。

冯："文革"一来，你马上被抓了吗？

韩：不是马上。我们淮南这地方偏远，和北京、天津、上海不同步。"文革"初期，我们厂立刻就完全乱了，工人起来造反，没人管事了。我常常被造反派叫去写大字报。反正写毛笔字谁也写不过我。叫我写什么就写什么。那时候有些人不是闹着给自己平反吗？我脑袋里冒出个想法，我也应该给自己平反，这就想到了中央工艺美院的同学蔡小丽，她人很正派，人性也好，对我很了解，她人在杭州，我想找她给我写个证明，证明我是好人。

冯：其实你这个想法很幼稚。

韩：我从来没成熟过，也不想成熟。那时单位没人管，我就买张票跑到杭州找到蔡小丽，把来意一说。她犯难了，不知怎么写，也不知写给谁，我想了想才明白自己并没有想好，我叫人家写什么，怎么写，写给谁呢？这证明根本无法写，只好作罢。不过，这次在杭州叫我看到令人震惊的一幕：批斗盖叫天！我爱看京剧，盖叫天在我心里就是个神。可是这会儿当街正在烧他花花绿绿的戏装，火光浓烟往上冒，盖叫天当时也八十多了，人快不行了，给放在一张藤椅上，呆傻似的仰面而坐，两眼无神，嘴张成一个洞，脑袋剃成阴阳头，半人半鬼，完全没有我心中那个"武松"的形象了。一群造反的红卫兵围在四周狂呼乱喊。这么一个巨人都这样了，天下已经大乱了，到处游街抄家，想想自己，不知道将会有什么在等待着我。

上卷
炼 狱

二十世纪七十年代的淮南城区

四、1967 年 4 月 7 日

冯：我研究过你的各种材料，其实此前你所经历的一切，还只是一种"序曲"与"前奏"。你真正的苦难史应该是从"文革"开始的,对吧，记得是什么时候吗？

韩：1967 年 4 月 7 日。

冯：记得这么清楚。

韩：如果轮到你，这辈子也不会忘。这个日子像刀戳在我心里。

冯：在你从杭州回来后不久吧。

韩：我是接到通知回来的，当时有预感，浑身充满一种不祥的敏感。我去杭州的时候，还特意跑了一趟上海看我的母亲。那时我嫂子在医院工作，我说我睡不好觉，找她要安眠药，要了几次，凑上几十片带在身上，准备遇到大难想寻死的时候用，这事后边再说。回来后，听说厂里不少有历史问题的人都挨斗了。连厂长戴岳也给揪出来了。几天后，我跟一个技术员去蔡家岗百货公司买东西。正走在路上，厂里一位运动里闹得挺欢的师傅骑车追来，说："韩

上卷
炼 狱

第一章
苦难序曲

美林,厂里有点事叫你回去。"我边走手里还边用小刀刻着一个木头小人儿呢。我们就扭身返回去。那位师傅骑车一直跟着我,实际是盯着我,这时候我就感觉事情不妙了。

  我还没到厂门口,差着八十米吧,就见好大一群人,总共有好几百人,像列队一样在门口等着我。我一来,都用眼瞪着我,我一看完了。

冯:请你讲得再细一些。

韩:我下意识把手里的木雕人和刻刀揣在兜里。一群人就拿着杠子上来,噼里啪啦一顿揍,再一踹我就跪下了,然后拿铁丝把胳膊和手拧上了,把我连踢带打弄进厂,到了办公楼的二楼上。刚到楼上,一个厂里出名厉害的、瘦高个子、斗鸡眼儿,守在楼梯口一个耳光把我从二楼扇到一楼,再拽上来,向右拐个弯儿,再左拐个弯儿,进了保卫科办公室,一脚又把我踹得跪在地上,一条杠子把我的腿和脚都压上了,叫我"交代罪行"。这时我一看,保卫科长、军代表、工宣队长都在,就知道今天大难临头了。

冯:你很怕吗?

韩:实话对你说,刚开始怕,后来不怕了。人到这时候了,怕也没用,也不知道怕了。我心想,我的言论该交代都交代了,也不是国民党特务,没干过亏心事。还交代什么呢?专政就专政吧,我就豁出去吧,我说"我都交代了"。身后一个小子,上来就踩压在我腿上的杠子，过去只知道日本鬼子对抓来的八路军和游击队员踩杠子，这一踩我才知道踩杠子是什么滋味，浑身从下往上冒凉气，那种凉真是没法形容，而且疼得钻心，汗瞬里啪啦下来了。这小子说："叫你嘴硬，给你再修理一下"，然后用木棍往我脚面死死一戳再用劲一拧，死疼死疼，我脚骨头就碎了。

冯：怎么知道碎了？

韩：很久以后照相才知道，六根骨头碎成四十多块。我疼得大叫："我操你妈呀！"再想叫想说，嘴不行了，已经充血，说不出来了。他们说："你跟三家村四条汉子什么关系，跟邓拓什么关系，你给他们画画，你跟他们勾着。"这时我才知道北京中央工艺美院那边又把我一批新的材料转来了。原先认识田汉、夏衍、邓拓算什么问题，他们不都是大作家艺术家吗？谁知道"文革"一来他们是天天写在报上最大的"敌人"！我韩美林上辈子造多大孽，这辈子身上什么东西都能转化为反革命的证据！

冯：这是你的命运，可是——只有我们这代才会有这样的命运。与三家村的邓拓和四条汉子的田汉拴在一起还好得了吗，你可真的是在劫难逃了。

韩：我当时想，我在劫难逃了，只有视死如归，横下心用我那破嘴只说一句："我没什么可交代的。"那小子忽然从桌上的笔筒里"唰"地抽出一把锋利的刀，抓起我的手，在我靠近手腕肌腱的地方扎进去往外猛地一挑,咬着后槽牙说:"我叫你画,叫你画!"硬把我手上的筋挑了,血冒出来了。这一下,我没感觉疼,只想到我从此不能画了,什么理想、抱负、兴趣全完了,他毁了我!我朝他大骂:"我操你妈!"

我死命往上蹿,他们拿杠子压不住我的腿,就拿烟头烫我,把我胳膊用铁丝狠狠倒绑起来。你看看我的手吧,这是挑断筋的地方,这是烫的疤,都还留着。

冯:我不想叫你说下去了!你先别说了……

韩:我想说下去。我这人天生性格太硬。我从来不是软骨头,我什么也不怕的时候更硬。他打你,你愈怂,愈投降,他就愈欺侮你。有人说,就是因为你太硬,挨的揍受的罪才比别人厉害。这话也对。可是,我这性格不就是这么打出来的吗?

我接着往下说。他们打完我,就拉出去游街示众了。院子里边敲锣打鼓,集合队伍,喊口号,唱革命歌曲。还有一堆挨整的,头戴高帽子,都站在院子里。厂长书记也在里边,还有一个会计,上中学时集体参加过三青团,现在就是历史反革命了。这会计最后是被推到白灰里呛死的,我是亲眼看到的。

他们把压我腿上的杠子撤了,我已经站不起来了,两条腿感觉已经不是我的了。他们把我架下楼,游街就开始了。从厂子东门出去,绕一大圈,再从西门进厂。这时,满街都是游街的。街

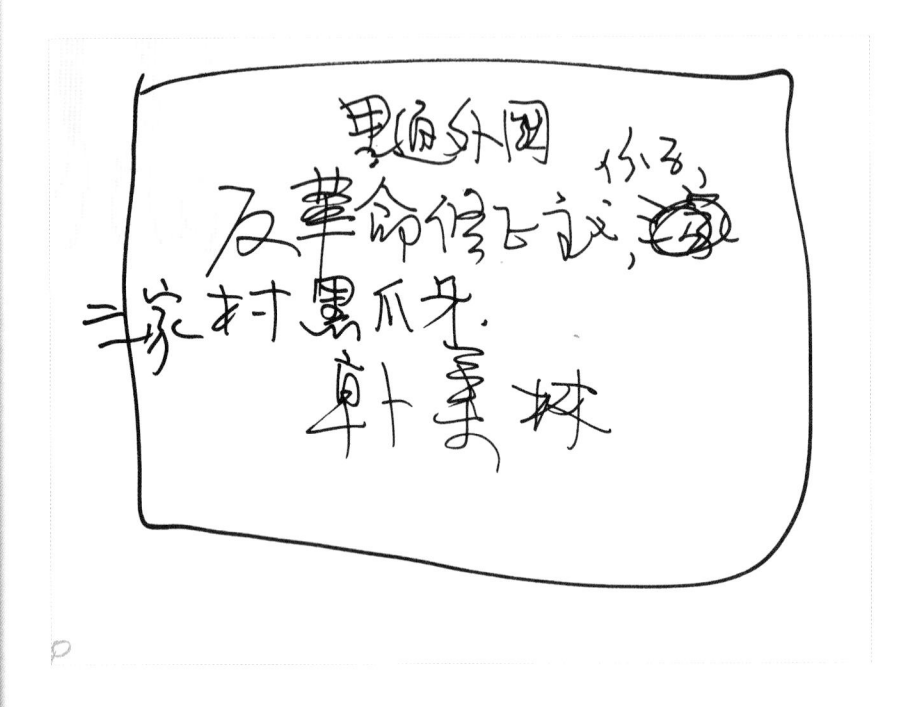

批斗时挂在脖子上的牌子（韩美林画）

上的人往我们身上扔石块、石膏、泥巴、煤,还有人上来抽一嘴巴。满身都是扔来的乱七八糟的东西,鼻子淌血,没有人样了。

我的腿已经木了,两只脚的骨头碎了,一双破皮鞋里全是血,脚肿起来,没法走了,我就把鞋脱掉。我也不知道自己这双脚这双腿怎么走了这么长的路。给我力量的不是人们对我的推推搡搡,而是走在我前边的两个老农民和两个孩子。

冯:你们厂的游街怎么会有农民和孩子?

韩:当时街上不少游街队伍,碰到一起就合到一起。这游街的农民和孩子都是从别的队伍合进来的,合进来就走在我们前边。两个农民一个是卖白菜的,一个是买白菜的,那时农民买卖自己的农产品就是走资本主义道路,碰巧抓到了就拉进游街的队伍里来。他俩手里各拿着一面锣,前边卖白菜的农民敲一下锣,说一句:"我不该卖白菜",后边买白菜的农民敲一下锣,说一句:"我不该买白菜"。那两个孩子是土坝子小学的学生,学校叫学生到校外边拾废铁,有一定的数量要求,孩子拾不到,就去工厂偷,每人偷了一根铁棍,叫人抓住了,也推到游街队伍里来。游街时叫这两个孩子背着偷来的铁棍,铁棍有二十多斤重,走长了,快给压得趴下了,腰弯成一个钩,还硬往前一步步走,这两个孩子的形象给了我力量。他们走得了,为什么我走不了。我走过的地方,都有两只脚的血印子。

冯:我无法想象你当时的心情。

韩：可是这时奇迹出现了，就在这当口我的儿子突然出现了。

冯：儿子？你那小狗吗？它怎么会来了？

韩：是呵，它忽然从人群里蹿出来，扑到我身上，两个前爪子亲热地抓我，拉我衣服，从我裤裆下边钻过来，钻过去，用鼻子闻闻我的膝盖，我的腿，好像它不知道该怎么办好，好像它知道我受苦，浑身上下又是土，又是血。我当时已不成人样了，它是怎么认出来的呢？可是就在这时，押着我的那些人轰它，怎么轰也轰不走，还朝他们吼叫，他们火了，挥起杠子打下去，儿子惨叫，几杠子都打在它腰上，下手极重，我猜是打断了脊梁骨。它叫着挤出人群跑了；但是，它的出现给我增添了力量。

冯：什么力量？

韩：情感就是力量。人性也是力量。

冯：可惜这种人性在人身上不存在了，是狗体现出来的。你儿子的脊梁真的断了吗？

韩：我从此再没见过它。

冯：你知道巴金先生听了你这只狗的故事，被感动了，想起自己爱犬的遭遇，写下他那篇著名的散文《小狗包弟》？

韩：知道。

冯：你后来没有一点它的消息了吗？

韩：有，咱们后边再谈。

冯：此时此刻你的世界里肯定没有艺术了。

韩：你不会想到，就在这个时候，我还有一部"作品"。

冯：怎么可能？什么作品？

韩：画。

冯：想象的吧。

韩：不，是画的，我告诉你。游街回来后，我们几个被斗的"牛鬼蛇神"站在大礼堂前台阶上等着吃饭，饭后还要继续游街。这时，我的皮鞋不是一直提在手里吗？鞋壳里不是灌满了血吗？我忽然发现从鞋尖流出来的血淌在地上，那血的形状有点像个鸡头，我有了绘画的感觉，顺手用鞋尖蘸着血把这只鸡画了出来。

冯：这种时候你怎么可能还会去画画，而且是用血去画？能告诉我在那种情境里你从哪里产生的这种艺术行为？

韩：由着本性吧，因为我是画画的。

冯：现实那么残酷，真是太不可思议了！

韩：艺术对于我是听其自然的。

冯：这是什么姿态的鸡？

韩：站立着的，雄鸡，好像是这样吧！

冯：美好的形象吗？

韩：当然，它是我心里的，与这现实无关。

冯：它是美好的，但是用血画的。如果这只鸡还在，那一定是"文革"

1. 用草汁染画血的鸡是什么样的？是站的？走的？打鸣的？扇翅的？卧着的？

2. 4月7日拘留是在公安局的拘留所，还是洞山100号？

3. 洞山100号整体很大吗？是那里最有名的监狱吗？

回忆当年那个"血鸡"（韩美林画）

上卷
炼 狱

第一章
苦难序曲

时期最伟大的作品。它的伟大不亚于毕加索的和平鸽。可是我们无从找到它了。

韩：就在我画这只"血鸡"时，过来一群十二三岁的孩子，用柳条抽我们这些"牛鬼蛇神"，叫我们喊他们"爸爸"，还踢我们。我们人都快给打烂了，哪里还受得住踢。

冯：那你们怎么办？

韩：孩子们根本不知道他们在做什么。这只是他们的恶作剧。再说这并不能怪他们，是那个社会告诉他们我们是坏人。我们只好叫他们"爸爸"，不停地叫他们"爸爸"。

冯：下午继续游街吗？

韩：是，一天下来我们走了十里路，我也不知道自己两条破腿怎么走了这么长的路。游完街，就被送到公安局的看守所。进了看守所，被看守上来踹一脚便跪下，朝我喝叫："现在宣布，拘留淮南瓷器厂反革命分子韩美林，你签字吧！"我签完字，我们厂里的人就走了，我归公安局管了。警察把绑我的绳子铁丝解了，我的手脚和身上，不是紫的就是黑的，然后被两个警察押着走过院子，进到里边。

进看守所先要登记，然后解下皮带，身上的东西掏出来，工作证，一点钱，还有那木雕人，都交出来；刻刀在游街时掉了。没想到，我在这里被拘押多年，等到出来时，我那条皮带由于沾了不少血，还有汗水，沤湿发霉，全都烂了。

五、九　天

冯：你在看守所押了多少天？

韩：九天。

冯：这九天你是怎么度过的，受审讯吗？

韩：没人审讯我，而是一次次被拉出去批斗。

冯：你不是已经被公安局看管了吗，为什么还被拉出去批斗？

韩：我还没有被捕，再说那时已经无法无天，谁想怎么干就怎么干。再说，我已是案板上的肉了，谁都可以剁一刀。

冯：把你拉出去批斗的还是淮南瓷器厂吗？

韩：有时是回厂批斗，有时是外单位拉去陪斗。我已是淮南市的批斗明星。想想看，又是反动言论，里通外国，叛国卖国，又是三家村四条汉子的黑帮分子，在淮南哪有我这号的反动人物？有谁能和三家村四条汉子挂上钩？邓拓、田汉、夏衍，全和我有事。揪出我这号人物是多大的成绩？批斗我这号人物多过瘾？听戏还听名角呢。我还一次次被弄到合肥各大单位批斗。好像现在的"明星走穴"。可是，批斗最厉害的还是淮南瓷器厂。

冯：怎么厉害？

韩：想出最厉害的办法整你。叫我们十几个被批斗的人，分别跪在工厂东西大门的门口。

冯：示众吗？

韩：叫上下班的人往我们身上吐唾沫吐痰。

冯：有人吐吗？

韩：怎么没人吐，唾沫、黏痰，还有人擤鼻涕。吐得满身满脸都是，黏黏的，厚厚的，太厚了就往下流，简直都成"鼻涕人"、"唾沫人"了。一天下来，人是臭的。

冯：有的人认识你，他们也会往你身上吐唾沫？

韩：吐不吐是对阶级敌人的态度。我韩美林是破鼓乱人捶。可是也有有人性的，扭头过去了。和我一班干活的女工，就故意说话装着没看见我跪在那儿。有个姓黄的女孩，陶瓷学校毕业的，她和我并不熟，不但没啐唾沫，还朝我点了点头。不过这一点，叫我记了一辈子。

冯：虽然人们不是"文革"的发动者，但每个人都在用自己人性的本质和品德参与着"文革"。

韩：批斗我时，造反队用石膏给我写了一块几十斤重的牌子，上边写着"反革命修正主义分子、三家村黑爪牙、里通外国的黑特务韩美林","韩美林"三个字上边还使红笔打上叉。这块牌子用铁丝挂在我脖子上。牌子重,铁丝勒进肉里;我脚骨还是碎的呢,怎么也站不住,身体一晃,就说我不老实。这时,一个造反队员上来朝我大骂,说要砸烂我,一棒子打下来,把石膏牌砸个粉碎。他就去找块纸板,做块牌子,写上我的罪名,再挂在我脖子上,我就舒服多了。这个造反队员姓方,是从淄博调来的陶瓷工人,我心里明白,他是有意把石膏牌子打碎的,他变个法子救我。

冯:我就用这种法子救了一位邻居老女人,红卫兵用火烧她时,我给她搂头盖顶浇一桶水,说是叫她"清醒清醒自己的罪恶",实际是将她身上的火浇灭了。这件事,我写进我的"文革"回忆录《无路可逃》里。那时,很少有张志新那样的公开站在"文革"对立面的英雄,一般有良知的人只有两条路可走,一是不同流合污,保持沉默;一是用智慧迂回抵制。这就是"文革"冷峻的现实。

韩:在这些批斗会中有两场给我的印象很特殊。一场在淮南市文工团。那天批斗会的感觉十分特别,文工团都是演员,男女演员都年轻漂亮,喊口号的声音清脆响亮,念批判稿时声音顿挫有力,很像朗诵。对我的态度也不那么凶。在批判会上,当把我的"黑画"展示给大家时,居然有人还挺欣赏。文工团里有搞美工的,我听见他们在说"画得真不错呵"。我是中央工艺美院的高材生,在淮南这么偏远的地方当然很难看到我们这样水平的画。

上卷
炼 狱

第一章
苦难序曲

冯：你的家在"四清"时不就被抄了吗？怎么还有画？

韩：从"四清"以来，我家被抄了七八次，哪里还有画？是从省公安厅和轻工业厅临时借来的，为了叫群众批判的。公安厅不懂画，认为我画的都是"黑画"，拿来批判就是了，其实都是很好看的装饰画，往这儿一摆，等于给我办展览了。中午吃饭时，一个很漂亮的女演员给我拿来一碗面，里边还放了一些肉。等到我回到拘留所，觉得口袋里有东西，掏出来一看，居然是十块钱和二十斤粮票，肯定就是那个女演员偷偷塞在我的口袋里的。如果所有批斗会都开成这样多好。我当时真想淮南文工团再来拉我去斗一次。

冯：你说两次批斗会很特殊，另一次在哪儿？怎么特殊？

韩：是淮南文艺界搞的，这次气氛就完全不同了，很紧张。同时批斗的六个人里有淮南文化局的局长。我是反动权威，因为我是从北京调来的。批斗会上一个小伙子蹿得特别高，大声念完"最高指示"之后，就带领全场高呼口号，可能他脑袋里的弦绷得太紧了，一下子把"打倒刘少奇"，喊成"打倒毛主席！"顿时全场大乱，出现一个现行反革命，立刻五花大绑把他推上台，说挖出一个"和韩美林一样的现行反革命"。哪是挖出来的，是他自己蹿出来的。

更离奇的是下边，一个主持会的老领导，也紧张起来了，愈怕把话说错愈出错，他竟然把"千万不要忘记阶级斗争"，说成"千万不要阶级斗争！"当他意识到他把话说反了，犯了大忌时，急得一边哭一边"啪、啪"扇自己耳光。于是又冒出来一个反革命。

  我弯腰低头站在台上，心想怎么一连出两个闹剧，莎士比亚也写不出这种戏剧来呀，我扑哧一笑，叫人看见了，他大喊："我检举，刚才韩美林笑了！"我跟着挨了第三顿揍，但这样荒唐的批斗会也是很稀罕的了。

冯：我想问你，在这一连九天的批斗之后发生了什么？

韩：第九天的批斗会在看守所的门前举行，批斗会结束，我因反革命罪被宣布正式逮捕。这一天对于我，好似在人间与炼狱之间划一条界限。我前边遭受的其实还都是人间的苦难，从这天才开始真正经受炼狱的磨难了。

上卷
炼狱

第二章 炼狱正史

一、洞山 100 号

冯：你被捕是哪一天？

韩：1967 年 5 月 8 日，这个日子我也不会忘掉，这一天我正式成为炼狱里的一员。

冯：你被关在什么地方？是换一个地方，还是仍在看守所里。

韩：没有动地方，但身份变了。我被捕了，罪名是"反革命分子"。这地方叫洞山 100 号。

冯：洞山 100 号在什么地方，你能简单介绍一下吗？一会儿我是要跟你"进去"的。

韩：淮南不是九区十八岗吗？它在九龙岗和谢家集之间，背靠着八公山，这一带非常荒凉，山上没有什么树，更没有森林，只有土和石头，风一来飞沙走石。枪毙人就在不远的山里。看守所是孤零零、四四方方的一座院子，迎面开一个小口是门，进门是审讯室。这里属于公安，"文革"砸烂公检法时，一度被军管了。院子里全是关押犯人的号子，负责警戒的看守们住在哪里，我始终不知道。

上卷
炼狱

洞山 100 号（这已是后来改造过的景象）

这里的门牌是100号，所以人称洞山100号。这座看守所是市级的。关押的人很杂，有小偷和各种刑事犯，有行刑前的死刑犯。"文革"中一些政治重犯也关在里边；中央组织部部长安子文，李大钊的儿子李葆华，他做过安徽省省委书记，还有一些大官也都在这里关过。

冯：旁边没有其他建筑吗？

韩：有一座劳改厂，干什么活不知道，它和我们没有关系。西边还有些农民的土房子，也同我们没关系。有时我们被押到看守所外边拔草种地，眼睛不能看别的地方，被盯得很死，怕我们跑了。房子后边有个水塘。

冯：你知道看守所不是监狱吗？看守所关押拘捕后、服刑前的犯人；监狱关押服刑后的犯人。

韩：不知道，我从来没想到我会是犯人，会被捕，会关进这里，我感觉这里和监狱没有什么两样。

冯：在宣布你被捕时，你想到什么？

韩：死。或者被枪毙，或者自杀，我不是有几十片安眠药吗？这个我还要放在后边说。

冯：被捕那天，经过什么过程？

韩：谈话。所长在审讯室与我谈话，所长是个女的。名字我不知道。

冯：哦，为什么是女所长？

韩：只听说她在延安时给哪位首长做过保姆，不知道她怎么当上看守所的所长。那时公检法被砸烂，公安系统内部分成两派势不两立，两派都拉她，她左右两条胳膊上就各戴一个造反派的袖章，表示两边都不得罪。她戴着两个袖章的样子有点古怪。

冯：她对你凶吗？

韩：不凶，这出乎我的预料。 年来我遇到的都是如狼似虎，惟有她对我说，你既然进来了，就什么也别想了，少说少问，老老实实地接受改造。

冯：她长什么模样？

韩：比中等个子略高，略胖，模样还顺眼，比较朴实，不爱说话，像农村妇女出身，待人也像个普通的农村妇女，不凶。我们吃的饭她还要拿个勺儿尝一尝，这种情况只有她做所长时有。她这个时候还允许犯人的家属送点钱和日用品，送吃的不行；可以看书，都必须是"革命书"，以后这些全不行了。

冯：她骂过你处罚过你吗？

韩：没有。我进来时，被打得不成人样了。她不叫我劳动，她知道我也干不了，她就责令我去写标语。在监狱里没人能写标语。我是美院高材生，写美术字得心应手。她看待我也与别人不一样，因为在淮南很少有人能和北京的三家村四条汉子有关联的，她看我的眼神也就与众不同，好像还有点"尊重"的意思，没有仇视和鄙视。

冯：好像看待发配到边远地方的要人？

韩：好像有一点儿。

冯：这时候你对洞山100号有地狱的感觉吗？

韩：这时还没有，反而觉得这是一个避难所。这里不会挨打，没有批斗，还有吃的。但这只是很短的一段时间，只是因为所长在这儿的一段时间而已，以后洞山100号就完全不是这个样子了。这段时间还有一个人我不会忘记。

冯：什么人？

韩：刚才我说了，洞山100号是一个四四方方的院落。四边全是号房，就是押人的号子，号子外是一圈廊子，中间围着一个院子，院子是光秃秃的水泥地，寸草不生，冬天冰凉，夏天火烫。南北两边各七间大号房，东西各三间小号房。我的号房是10号，大号房，也只有一丈零八寸宽，迎面只有一个大土坑，上边十二个人，房角放一个大马桶，全屋人拉屎撒尿全在里边，虽然有个盖，但臭气冲天，窗户小，又是四层，一层玻璃，一层栏杆，一层铁网，一层鱼鳞板；鱼鳞板像百叶窗，里边看不见外边，外边的看守可以监视里边。这四层窗子封得死死的，臭气全憋在屋里，散不出去。白天一个挨一个坐在坑上，背靠墙。晚上倒下挤在一起睡觉。新进来的人坐在马桶边，按照先来后到往前排着，前边出去一个，后边往前升一个位子。只有戴着手铐脚镣的死刑犯始终坐在正面一排犯人的中间，怕他活动。

冯：你进来就在马桶旁边了？

韩：是，紧挨着。我一进来，满屋子的犯人都看我。这时坐在中间的一位老人对我说："你怎么给打成这样，脱下衣服叫我看看。"后来知道这个人叫应戴天，国民党中校军医，八十岁了，身体很好，气质也不错，一看就是有修养的人。他不过是个高级医生，可那时沾上了国民党军队，就是"暗藏的特务"。他看看我身上和脚上的伤便说，你的皮肤淤血全黑了，脚骨头也碎了，里边的碎骨头都乱了套，不治就废了。

冯：看守所里没有医生吗？

韩：这个野地方的看守所哪有正式的大夫？只有一点急用药。

冯：是他给你治的伤？

韩：是。他对屋里的犯人们说你们吃饭的筷子就别用了，全给我，谁手里有纸板也全给我。他采用的方法就是简易又有实效的"小夹板"的办法；他先把我的碎骨头整理好，然后用筷子做支撑，拿纸板当托板，固定了起来。他是军医，军医最擅长的就是伤筋动骨的外伤。如果没有他的治疗，我的腿和脚就废了。

冯：手呢？你的手筋不是给挑了不能画画了吗？

韩：手筋没法治，后来自己练好了，这个也回头再说。

冯：你真应该感谢这位应先生，以后你见过他吗？

韩：一年后他就被弄走了，去向不明。他给我的印象很深，很有自尊，稳重，喜欢打太极拳，举手投足都很有样子。

冯：你从小参军，受的教育一定是与国民党水火不相容的，你此时对他还有那种戒备乃至对立的心理吗？

韩：完全没有了。我现在是反革命了，罪过比他还大。我已经被弄得"敌我不分"了，大家都一样了，同样是犯人，也同样是人。

冯：这时你对社会、对你原先的信仰有怀疑了吗？

韩：老实说，已经有了，不过还比较混沌。怀疑肯定是有的，有怀疑是痛苦的。

冯：否认就更痛苦。否定自己的信仰无异于推翻自己，谁也不愿意推翻自己。

韩：比我还悲剧的是那位所长。她自杀了。

冯：为什么？

韩：据说公检法批斗她，说她对犯人施仁政，和阶级敌人穿一条裤子。她受不了了，用刀片抹了脖子，把动脉切断，死了。还有一种说法，说她在延安时的老首长被打倒了。这么一来，还有什么好日子过？弄不好哪一天也被关进号子来，所以她自我了结了。再详细就不知道了，监狱是不能有任何消息的，听来的事都是半句半句的。

冯：什么时候？转一年吗？

韩：不，就在1967年9月。听到她自杀时，已有一些天了，一直没看到她，原来她已经死了。说心里话，直到现在还有点怀念她，她很无辜。

二、十八层地狱

冯：为什么说所长死后，你才真正进到十八层地狱？你被转押到什么特别的号子里吗？

韩：还是洞山看守所，还在十号牢房。就是因为换了一个所长就全变了。他本来就是这里的头头，砸烂公检法时他离开了一阵子，原来的所长自杀后他又回来了。这个人极其残忍狠毒，他站在你面前，就给你一种威胁。

冯：好，我们先讨论一下这个人。他是天性残忍，是坏，还是"极左"？"极左"是思想立场上的。

韩：全有，"极左"，狠毒，没有人性，还没文化。

冯：这很重要，没文化使这种人再加上一层野蛮。描述一下他的模样？

韩：瘦高，小眼，眼珠是黄的。

冯：一对黄眼球——我已经有形象的印象了。

韩：他一来，首先吃的东西就全变了。从他来直到四年后我从这里走出去，我始终在他的魔掌里。你根本想象不到我们吃的是什么？

菜是烂的，洗都不怎么洗，带着泥、沙子。粮食也就两口就没了。菜汤里什么脏东西都有。

冯：怎么会把这些东西放在菜里？故意的吗？

韩：当然是故意的。所长说我们是阶级敌人。对敌人就得恨，就得狠。我们天天饿得受不了，只有被押到田野里拔草浇菜干活时，才可以吃一顿"野餐"，逮虫子吃。豆虫、蚂蚱、蜻蜓、蛤蟆，没有我们不吃的东西。抓到麻雀扒了皮在水里涮涮就塞进嘴里。你知道那种饥饿是一种什么感觉？

冯：我听张贤亮讲过，从维熙的作品里也写过，现在想听你说。

韩：听到米字就流口水，听到碗响就起鸡皮疙瘩，听到厨房里吹火的电动机嗡嗡响，就感到是一种享受，电动机一停这舒服的感觉就立即没了。一次管理员叫我去给他刻图章。我看墙角扔着半碗剩饭，已经馊了，长一层白毛了。这可是碗救命的饭呵！趁他不在屋里，上去几下就把这碗馊饭全扒到肚里。有的犯人饿极了拾烟头吃。

冯：贤亮说饿得连尊严也不要了。可是孟子说过："蹴尔而与之，乞人不屑也。"就是说你用脚踩的食物踢给乞丐，他也不会接受。

韩：那是没有饿到极点。我在刚到洞山那几天，不是常被拉出去批斗吗？有一次批斗回来，押我的人去吃饭，把我锁在自行车的车架上，不给我吃的，我蹲在那里饿得头昏眼花，四边围着一些人看我，像瞧一只动物。一个女人抱着一个孩子，孩子吃包子，只吃馅不吃皮儿，把包子皮儿扔在地上。包子皮儿很脏，有土有蚂蚁，我上去就抓起来塞进嘴里，那时你还有什么尊严？在洞山，我们那儿有个"吴大爷"，一天管理干部把他拉去提审。管理干部的头头喝醉了，进屋审他时是两个人架他进去的。酒劲一上来，哇地吐了一地，这吴大爷后来对我说他当时实在太饿了，说自己什么也不顾了，厚着脸皮趴在地上，把那一大摊吐的东西……

冯：你先别说了，我真有点受不了了。

韩：洞山不是养着两条狼狗吗？狗吃得都比我们强。我们在放风时，趁他们不注意，狗也不在，就把狗盆子里的狗食全吃了。

冯：我不想再在这个吃的话题上与你谈下去了。

韩：每次说这些事，我心里也不好受，但是必须说给你，你不是要知道我真实的经历吗？好，咱们说点别的，说说刚刚提到的"吴大爷"，我把他的事讲给你。

冯：我听着

韩：吴大爷是个贫农，他叫吴化雁，名字的字对不对我不知道。犯人之间是不能讲的，讲就敲断你的指头。他第一天进号子来就趴在炕上不说话，穿一件粗土布偏襟的棉袄，他是因为摔了一个跤进来的，把牙摔得只剩下一个。一个牙没法吃饭，还是叫我们号子里一个小偷用根线拴在这个牙上拽下来，才能用牙花子吃饭的。

洞山 100 号院内（这已是后来的景象）

冯：摔一个跤怎么会进来呢？

韩：他是从农村到这边矿上来看儿子的。儿子和媳妇都是积极分子，去忠字班学习去了，家里只有他和小孙子。那天元宵节，他煮了元宵，煮好了先敬毛主席。他举着一碗元宵对着墙上的毛主席像说，"主席呵，没有您打天下就没我们穷人的今天。我也不会说话，请您吃碗元宵吧。"说着把碗往上一举，身子向前一倾，脚底下不巧有根葱叶一滑，一个跟头栽在地上，碗也飞了。起身一看，一个元宵粘在主席像的眼睛上。他慌了，叫小孙子搬来凳子上去抠。那时印画的纸都很差，元宵又湿，一抠一个洞，把毛主席像的眼睛抠下来了，糟了！正这时候街道代表来通知开会，正好看见吴大爷在抠毛主席像，把眼睛抠成一个洞，就打成反革命，关进来了。那天提审他，判他二年，送他劳改去，他临走时偷偷把这事告诉给我，对我哭着说"我家三代贫农呵，怎么会反毛主席呢！"我能说什么呢？他最后把一个吃东西的罐子给了我，里边有几块烂冬瓜，他不舍得吃，也带不走，送给我了。

冯：这样荒谬的事多吗？

韩：还有一个是因为买了毛主席像不好拿，怕摔了，拿绳子绑在自行车的车把上，被抓了。对了，还有一个我们厂的工人，"文革"时赶时髦烧制毛主席像，可是我们厂过去只烧大碗，没烧过瓷像，没经验，瓷土又差，烧出的像常常是歪着的，立不住。这个工人装窑时一边用劲按，一边说"叫你歪！叫你歪！"没想到书记正站在身后边听见了，马上把他抓了起来，说他骂毛主席，反革命罪。关在洞山看守所里的什么人都有，小偷、杀人犯、强奸犯、武斗打死人的，"文革"一来反革命特别多。

冯：都是被判过刑吗？

韩：判了刑就要送去劳改了。

冯：你被判了多少年？

韩：从来没判过，所以一直押在看守所，直到出来，一共四年零七个月。

冯：没判刑能押这么长时间吗？

韩：那时候什么不能？拘留关押没有期限。牛棚里有期限吗？五七干校有期限吗？谁拿我们这些人的命当回事？

冯：都是活着出去的吗？

韩：两种。一种是死在里边的，折腾死的，病死的，有一个小子得了尿毒症，尿不出尿来，叫人也没人理他，憋死了。还有种是死刑。关于死刑我另讲给你……

冯：哎，你为什么不讲话了？

韩：……

冯：好好。我们先换一个话题。咱们说一说你在看守所里的生活吧。号子这么小，冬天怎么取暖？

韩：没有取暖，冬天冻着。但冬天比夏天好过。太冷就互相挤得紧点，天热很难熬。屋里不透风，又有粪桶，又臭又酸，那股子味儿没法描述。

冯：你们有什么办法吗？

韩：没有办法，一天天熬。

冯：蚊子一定很多。

韩：你说错了。一个蚊子没有，不仅蚊子，臭虫虱子一律没有。为什么？我们的血不好喝！这也算得上一个奇迹。我们都是皮包骨头，我出狱前，只有七十二斤，两手可以把腰卡起来。

冯：你们不能买东西吗？

韩：谁给你买？再说钱呢？那次在淮南文工团批斗时，那个漂亮的小姑娘搁我兜里十块钱。我求看守帮我买了一支牙膏，每天只用玉米粒那么一点，怕用没了。

冯：你进看守所后，自己的东西一样没带进来吗？

韩：有一天扔给我一个枕头，几件破衣服，是从我厂里要来的，这也是我的全部家当了。

冯：你算得上真正的无产阶级了。这四年多，你们怎么过的年、过的生日？

韩：我们还需要过生日过年吗？我们连日历都搞不清楚，不知道哪月哪天，只是偶尔从远处农村传来的广播里听到过年了国庆了，可是与我们毫不相干。

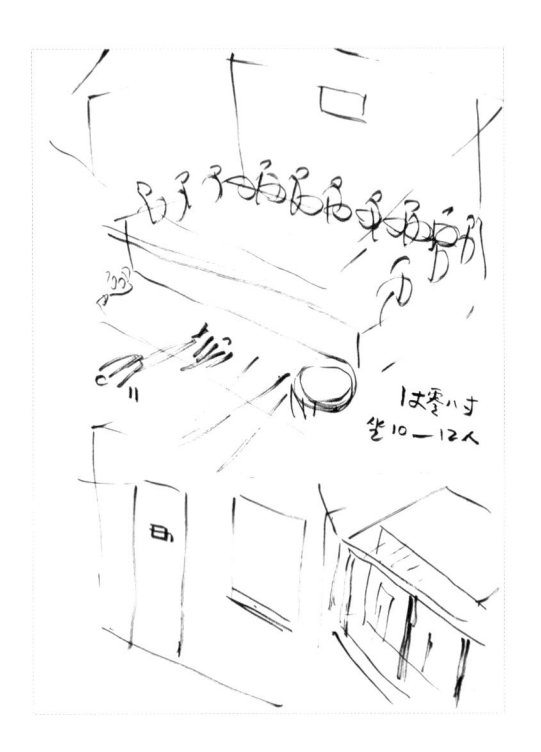

洞山 100 号示意图（韩美林画）

冯：你们遇到过什么格外的开恩？

韩：那就是洗澡了。一年洗一次。十二平方米的方形水泥池水，放了两尺深的热水，人一下去，身上的硬皮就像鱼鳞那样翘起来。一拨人洗过之后出来，另一拨人进去，不一会水就成奶汤子了。平日没有烧水，这会儿叫热水一蒸，有的人受不住休克了，曾经有个人死在水池边抬走了。我反正不洗，我就在每天早晨洗脸时擦擦身子。洗澡水脏得无法想象，这些犯人什么人都有，身上有什么病也不知道。

冯：犯人比较固定吗？

韩：不，这里是看守所，死刑犯不知什么时候拉出去毙了；小偷可能押一段时间放了；还有临时羁押的，过几天就弄走。谁也不知道谁，谁也不关心谁。偶尔听到一点，什么怪事怪人都有，外边是绝对听不到的。比如一天两个人被押进来，是军人。一个岁数大，一个年轻，年轻的矮矮胖胖，一直在哭。我们没问，他们自己说了才知道，这个年轻的军人还挺有名，曾经从火车道上抱走坏人横在那儿的枕木，抢救了一车人的性命，受到中央领导的接见和表扬，后来不知怎么露馅了，原来这事是假的，那枕木是他自己放的。其实别人并不知道，是他受了中央领导接见后，还想再当一次英雄，又搬块大石头放在火车道上，然后装着救火车。可是这次叫火车司机老远就看到了，赶紧把火车停住，拿个铲子跳下车就揍他。他给抓了起来。这事是欺骗中央呵，罪过当然很大。那个岁数大的军人就更糟糕了，他是团长，与勤务兵下棋，连输了几盘，偏偏那个勤务兵得意洋洋，他火气上来，掏出枪一枪把勤务兵毙了。这个团长肯定死罪。那个年轻军人的红领章给扯去了，团长的军装也给扒去了。这两个人在看守所没待上两天就转走了。这种人在外边能听到能碰到吗？送进看守所的都是各种极端的人，还有各种恶人。可是我什么事也没有啊。我没有杀人放火、弄过女人、搞过破坏，对国家、对社会、对任何人从来没做过半点坏事。为什么把我关在这儿？可是我找谁说去？

冯：你不甘心？

韩：尽管有时非常绝望，但我不甘心。

冯：也好，不甘心会促使你活下来。

三、女犯人

冯：洞山 100 号里有没有女犯人？

韩：有。女犯人大都是因为男女作风问题过来的。那时，男女作风也是违法甚至犯罪。

冯：多少人？几个号子？

韩：就一个号子，小号子，六七个人吧，有时少一点，有时多一点。

冯：看管女号子的是男的还是女的？

韩：男的看守。洞山 100 号除去有过一个女所长，再没有一个女看守。可是，这女号子是看守所的中心。不管男犯人还是男看守，心里也琢磨这儿，眼睛也盯在这儿。

冯：在人性泯灭的地方，大概只剩下人的动物性了。真可谓食色，性也。

韩：每天最精彩的节目就是她们放风，对于看守所的男犯人，就听那声音也够过瘾。在这种地方，男女之间的吸引吧，无论在男犯人还是男看守的眼里，女犯人个个都漂亮，她们笑声跟银铃似的，拿着盆子走出来，说话叽叽嘎嘎，挠他们的心。这些女犯人知道

洞山 100 号高墙（这已是后来的景象）

这些男人琢磨什么，她们本来都不是正经人，这会儿就更不顾忌了，拖鞋光脚丫子，小裤头一点儿，大腿光溜溜，好像炫耀着自己的性感，所有男犯人没有不兴奋的。

冯：男女犯人不会同时放风吧。

韩：当然，男犯人里什么人都有，弄不好还不出事？男犯人就在号子里挤在窗子的鱼鳞板后边找个缝儿眯着眼看，我们号子有个小偷还用大头针居然在鱼鳞板上挖出一个绿豆大小的窟窿偷看女犯人。

冯：看守们呢？

韩：他们就方便多了，鱼鳞板是可以从外边看到里边的，尤其在女犯人洗澡时，他们就在外边看。

冯：不是一年只能洗一次澡吗？

韩：天热时女犯人可以在屋里洗洗。每到这个时候，看守就像看黄色电影一样扛着枪扎到这儿偷看。女犯人知道外边有人偷看，她们不在乎，看就看吧，等你看够了，老娘治你。有一天，她们在屋里尿了一罐尿，然后喊看守，说号子里有人病了，看守一开门，泼他一脸，看守一看自己浑身的黄沫沫，只能吃哑巴亏。

冯：大概只有女犯人可以治看守了。

韩：你也别这么看。权力究竟在看守手上。有时他们把女犯人弄去提审，审讯室不是一个小屋子吗？一个在门外放风，一个就在里边搞她。

冯：太卑鄙了。女犯人为什么不去告他？

韩：搞完她，给她一个馒头吃，她就不会说了。有的时候你一边吃，我一边搞你。她们也都饿极了，吃上馒头就不会说了。

冯：最畸形的食与色的交易了。

韩：女犯人中间最突出的有两个。她们俩确实都挺好看。一个挺丰满，匀称，长得大气。她是矿机厂医院里的护士，父亲还是八级干部呢，可是她作风挺糟，跟大夫什么的很乱。她后来给枪毙了。

冯：作风问题怎么会枪毙？

韩：这女孩子和一个造反派头子搞到一起，据说睡觉时造反派头子死了，直挺挺躺在她身边，都说是她害死的。

冯：会不会是暴病致死？

韩：不清楚。有人说她后来给平反了，那个造反派头子不是她害死的。可是平反有什么用，反正她被当做杀人犯毙了。车子拉她去八公山时，我还见过她，真的很美。据说她枪毙后人们把她衣服扒了，再往下边我就不能说了。因为她太漂亮，都想看看。

冯：这事在今天简直无法想象。一个女孩子的生命就这样随意处理了。当时她一定也喊过冤，但那个时代谁会理你。

韩：另一个女犯人叫大洋马。她个子高，很白，长腿，确实漂亮洋气，所以都叫她大洋马。她是粮店的一个收银员，看上去挺好的一个女人，也是很淫荡，乱七八糟，还贪污粮票，逮她的时候，她正跟粮店一个头头在粮食堆上乱搞。这个女人很放荡，满不在乎。一次她从男号子前边走过，一个男犯人朝她叫："大洋马我爱你。"她笑着朝那男犯人说："你爱你姑奶奶管屁事呵，你姑奶奶见过的××够你挎一篮子的。"

冯：这不只说明她的放荡，还有一种在毫无希望时的放纵。

韩：你想想，两性之间到了一种什么地步？到了这里，男人和女人全成了亚当与夏娃，从肉体到精神一丝不挂。我就在这样一种完全无所谓的世界里活着，你能想象出来吗？

冯：我最后会与你探讨这个问题。大洋马的结局你知道吗？

韩：判了二十年。

冯：应该说，在这里你不仅尝到也看到社会最底层、最黑暗的东西了。

韩：还有最无耻、最下流的东西。犯人中也有人渣，这些事我不讲了。我见到的东西太多了。但有一个人我必须讲，他给我的印象最赤裸裸，也最悲哀。

冯：也是女犯人？

韩：不，一个男人，二十来岁年轻的复员军人。他原先是许世友的警卫员，复员后分配到矿上。他是死刑犯，因为他在两派武斗时打死了人。武斗打死人的不一定都定罪，打死人的红卫兵不都没有定罪的吗？但是他的对立面掌了权，就把他抓起来，定了杀人犯。

他关进我们号子不吃不喝，哭着说他是听中央的话做的，中央不是说"文攻武卫"吗。可是他说这些话没用，很快要对他执行枪决了。他一连给许世友写了六封信，都叫那个黄眼珠的所长撕了。

冯：真的枪决了吗？

韩：没几天就毙了。行刑那天，所长他们打开号子带人，他叫着："我今年才二十三呵，我是看到《文汇报》江青说的'文攻武卫'才去武斗的，我响应中央的号召呵，你们不能杀我，我留下来还能做好多好多事呐！"所长上去给他一拳："他妈的，快死了你还弄这套！"把他打得满脸血。下边的事我真不想说——

冯：如果这事给你的印象太深了，你就应该告诉我。

韩：好，我告诉你。他走到屋角马桶前掀开马桶盖，他大叫："我告诉你们，我没结过婚，也没碰过女人，我不要脸了呵！"下边我真不能说了……

冯：太惨了！

韩：这时候，他忽然安静了，再也不吵不闹，脸上表情出奇地平静。你认为这是为什么？

冯：他忽然明白了。大明大白、大彻大悟了？

韩：看他那神气，我认为是。

冯：如果这样，他死得会舒服一些。

韩：这会儿，满号子的人都静了。他提着脚链子"哗啦哗啦"走出去，刚出号子管理干部就朝他肋条打了两拳,把他打休克了,拖上车弄走了。他才二十三岁,比我还小几岁呢。

四、假枪毙

冯：在你的受难史中，你有没有过一两次发生转折的时候？

韩：有，两次。

冯：怎样的两次？

韩：一次是安眠药被发现，一次是假枪毙。

冯：假枪毙就是死刑陪绑。在《一百个人的十年》中我写过一篇《一个八岁的死刑陪绑者》。

韩：是的，就是死刑陪绑。

冯：我们先说第一次，关于安眠药的事。你说的安眠药是不是"文革"初你去杭州找蔡小丽开证明那次带回来的？

韩：是。那次我不是还遇到盖叫天被斗吗？我已经感到了"文革"那股子杀气，觉得大事不妙。当时我是"帽子拿在革命群众手中的反革命分子"，我是害怕的，我那时还有软弱的一面。我后来的坚强是不断捶打出来的。去杭州时我跑了一趟上海看母亲，我嫂子在医院工作，我说我睡不好觉，找她要安眠药片，一次要一些，几次攒成了一瓶，总共七十二片。从上海回到淮南，我就把这些安眠药缝到枕头里。

冯：那又怎么弄到看守所里呢？

韩：我被捕后，看守所向厂里要我的铺盖，厂里就拿来了。我前边说过，一天看守把我的枕头衣服扔进来，我一摸枕头就知道，安眠药还在里边。我摸到这药，心里有种特别的安全感。如果我实在受不住，就有办法解脱了。

冯：后来无意中叫同号子的人发现了？

韩：你猜对了。同号子一个小偷发觉我的枕头里有东西，他发现后想立功表现，就向看守检举了。所长知道后立即审我，说"想自杀就是反革命，不处罚你不知道厉害"，他处罚我的法子真够厉害。

冯：怎么厉害？

韩：他先叫人把我推进另一个号子，叫犯人们治我。犯人有流氓、小偷、打架伤人的，下手狠，很会打人，专踢我的尾椎骨，肿起这么大个一个包，跟面包一样，然后把我弄出来，叫我跪在院里的水泥地上，小腿不准沾屁股。我那时天天吃的东西那么糟，完全没有体力，一身皮包骨头，硬跪在地上，而且不是两三个小时，叫我跪一整天！原先所长叫我跪一天一夜二十四小时，后来见我实在不行了，把我拉起来扔回号子，我尾椎骨疼得没法坐，只能趴在炕上。这时候你知道我怎么想的吗？

冯：你不想再活了？

韩：正好相反。我反而不想死了，就是把安眠药全给了我，我也决不会吃！从淮南瓷器厂我被挑了手筋，砸碎脚骨，到今天在死硬的水泥地上直直跪了一整天，在我心里激起了一个信念——不死，我就是不死，我产生了一种和社会对立的东西，愈是想叫我死，我愈不死。人的生命不就一次吗？死活凭什么由别人决定，我要坚决地活下去！我不但要活出生命的力量，还要活出生命的自尊来。

冯：我相信，这是你在生命意义上的一次转折，一次升华。这对你以后极其重要。第二次呢？

韩：第二次是死刑陪绑。

冯：原来你有这样可怕的经历。刚才我说了，我在《一百个人的十年》中写过一篇，叫做《一个八岁的死刑陪绑者》。那是我二十世纪八十年代做过的一次口述史，也是关于"文革"，在云南的昆明。那个悲剧的主人公当时还是一个八岁的女孩子，她完全不知道死刑是怎么回事。你的悲剧是你完全知道死刑是什么，枪毙是什么。请告诉我这件事的过程。他们为什么要让你为死刑陪绑？

韩：我不知道。

冯：怎么开始的？

韩：我前边说过，我们号子里的人是按"先来后到"的排序而坐，但死刑的犯人一进来就坐在中间，这样两边都会有人，对他形成钳制。

冯：死刑犯有什么特别记号吗？

韩：戴很重的手铐脚镣，一副生铁的镣铐带链子总共三十八斤重，走起来哗哗响。

冯：枪毙死刑犯有规定时间吗？

韩：没有，不定哪一天，管理干部进来，也不呼名，手一指就说"你"、"你"，点名必死，拉出去就毙了。

冯：可是你不是死刑犯，也没戴重镣呵。

韩：可是这天夜里管理干部突然打开我的号子，手指我说"韩美林，出来！"我就知道不好了。跟着我就被拉到院子，叫我跪下，给我套上麻袋。我从麻袋的窟窿眼看见还有两个，也套着麻袋跪着，跟着给连拉带揍弄到汽车上，车去哪里也不知道，黑乎乎看不清，事情来得太突然，不知要干什么。

冯：你一点没想到是枪毙吗？

韩：没有，我没有死罪也不是死刑犯呀。车子开到一个山下停住，管理干部把我们拖下车，叫我们三人并排站好，一踢我们就跪下了，他们是有经验的。

冯：踢小腿肚子？

韩：大小腿中间这个地方，你再英雄也得跪下。这时，他们把麻袋拽

死刑犯戴的脚镣和手铐（韩美林画）

下来了。我看清楚了,三人跪着,我在中间,对面是端着枪的管理干部,这时我才知道要枪毙我了。

冯:你怎么样了?

韩:你认为我吓得屁滚尿流吗,根本不是,人要没到这一步不知道这心情。我心想我好歹脱离开人间苦海了,再没想别的,反倒全解脱了。

冯:你没想到自己没有未来了吗?想到你妈妈了?

韩:没有,脑袋一片真空,好像那时已经死了。

冯:怎么开的枪?

韩:就听有人说"不等了,开始!"几乎同时"啪"的一枪,声音很脆很响,旁边一个倒下了,血和脑浆子热烘烘喷了我一身,那些东西喷在我身上时还挺有劲儿。

冯:你那边那个人呢?

韩:"啪"的再一枪,我就不知道了。第二枪我以为打的我。

冯:没打第三枪吗?

韩:打了,但我完全不知道了。

冯:你昏过去了吗?

韩:是。等我醒来,睁开眼,这边是血,那边也是血。一片漆黑,我想这是阴间吧,怎么阴间也有月亮呢。你知道我是躺在地上的,往上看见的只有天,天上有个月亮。我怎么听到有人说话呢,我咬咬舌头，还觉得疼。我并没想到死和没死，这时是一种混沌状态。后来又被拖到车上，拉回看守所，往号子里一推，吓坏了大家，整个一个血人，那两个被枪毙的死人的血一左一右全喷在我身上，我嘴巴和头发上也是血。我对同号子的人说，你们别怕呀，我是韩美林。

冯：他们是什么反应？

韩：等他们明白过来，便上来把我的衣服扒光了，用破毛巾和被子把我包上，第二天放风时候，他们把我的衣服拿出去洗。一连晾了好几天，才给我穿上。等衣服穿在身上后，上边的血没洗净，还是疙疙瘩瘩的，感觉特别难受。

冯：我想问你一个具体问题，死刑陪绑由谁决定？法律肯定没有这条刑罚。

韩："文革"时有法律吗？

冯：不知道。

韩：当然。那是什么地方？天高皇帝远。他是有生杀大权的。有一个受冤屈的复员军人忍不住了，爬墙要翻过铁网跑出去，他当场被机枪将他扫射死了。死刑陪绑只是一种吓唬我们的法子而已。

冯：你说这次经历对你有"转折"的意义，为什么？

韩：从我切身的感受上说，这可不是一次假枪毙，而是真枪毙。

冯：是的，你死过了一次。你对死有什么体验？或者说它对你今后有什么意义?

韩:不再怕死。我已经死过了。

冯:这两次经历对你确实有转折的意义。一次对于生,一次对于死。前一次使你从此要坚强地活着,后一次是不怕死了。是否也大彻大悟了呢?

韩:没有,我这人太愚,我是"愚忠"。你明白吗?

五、最后三句话

冯：现在咱们换一个话题，聊聊你的精神生活。我想，对于你这样一个天生属于艺术的人，不可能没有你的精神的生活？

韩：你这个问题是不是太奢侈了。刚才我说我在枪决现场的地上躺着时，看见了月亮，你说我会想到嫦娥吗？

冯：在那种境况中，我所说的当然是一种隐性或心灵生活，比如你在号子里不会没有想到女人，你曾经爱过的？

韩：我老婆吗？她检举了我，在洞山，我老婆正式提出与我离婚。我看到离婚书什么也没说，立刻签了字。

冯：那么，你还有别的印象美好的女人吗？

韩：我对淮南文工团塞给我十块钱和二十斤粮票的女孩子印象很美好。那时我是个人人唾弃的人，她为什么这样对我？她又不认识我？

冯：可能因为你有才，他们不是看到你的画了吗？

韩：更是由于她善良，是一种天性吧。

冯：女人最重要的天性是善良。她长得美吗？

韩：很美。她叫程媚媚。我出来后打听到的。

冯：你还想着谁？

韩：儿子。我那条相依为命的小狗。它的脊梁肯定被打断了，死活不知。它当时扑在我身上两只爪子挠我时，在我的衣服上留下一道道印子，我一直没舍得穿这件衣服，怕抹掉了这印子。后来别的衣服全烂了，没衣服穿了，才把那件衣服穿了。

冯：你再没它一点消息？

韩：在洞山与世隔绝了。我被放出来第一个去找的就是它，这是后话了。

冯：你在号子里可以看到报纸吗？

韩：看守所禁止获得外边的一切消息，偶尔得到消息是远处广播传来的。一次我从广播听说恩格斯的《反杜林论》是马克思主义政治经济学百科全书式的著作。我想，你们说我反马列主义，我就读马列主义，看看我究竟反不反马列主义。我身上还有一块钱。我就写报告要买这本书。

冯：买马列主义的书总可以吧。

韩：所长把我的报告撕了，他说只能看语录。后来有个管理员给我买了，我记得当时那本书是七角五分钱。我从这本书真学到不少东西。

冯：我读过恩格斯的《自然辩证法》，我是当做哲学书读的，我还很欣赏恩格斯的语言。你从《反杜林论》学到多少马列主义？

韩：我认识到"文革"不是马列主义，更不是共产主义理想。

冯："文革"还与人类历史一切文明相对立，反文明反人性，"文革"时代才是真正反动的时代。如果把你关起来读书多好，画画更好，你还想画画吗？

韩：不是想，而是我还在画画，你信吗？

冯：你什么都没有，怎么画？纸呢？笔呢？

韩：笔是我的筷子，纸是我的裤子。我用稀饭汤抹在裤子上，干了之后用筷子一划，就出白印子。我天天在裤子上抹稀饭汤，干了之后用筷子画，没有稀饭时抹点肥皂画。你知道我现在为什么喜欢用狼毫笔吗？跟我当初用筷子画画有关，狼毫硬一些。可是裤子总画就画破了，破了就打补丁，我的裤子打满补丁。

冯：你画什么？

韩：号子里进进出出有各种人物，各种面孔，都可以成为练习速写的对象。我最常画的是心里的画。

冯：我说过"人为了看见自己的心灵才画画"，这里一定有非常杰出的作品。实际上，此时此刻你仍然保持自己心灵的自由。专制只能束缚人的行动，无法束缚人的心灵。

韩：可是专制者总是企图束缚人的心灵，"文革"不是"触及人们灵魂的大革命"吗？

冯：画画给你带来什么？

韩：我画画还有一个目的，我手上的筋不是给他们挑了吗，他们不是叫我无法画画吗？我就是要练我的手，我练了四年，我把我的手练出来了，你看我的手虽然有点残，缺一块筋，但是我照样能得心应手地画画！

冯：你是与反艺术、反人性斗争的胜利者。应该说今天，你每一件作品都是一个胜利的果实。哎，我还想知道，你那个号子里的人知道你在画画吗？

韩：不知道，他们没兴趣，即使看见也以为我乱画来消磨时光。

冯：在这里你没有知己？

韩：他们不懂画，却喜欢听我讲故事。

冯：你给他们讲什么故事？

韩：什么故事都讲，我曾经有过的书很多，古今中外的小说、戏剧、传说，还有电影故事，不过更多是我信口编的。凡是我编的他们都爱听，最爱听的是爱情故事。他们都极度空虚呵，有时晚上九时关灯后我还在给他们讲，看守也站在窗户外面听。我能看见他们的影子。

冯：人在精神贫瘠时故事便会诞生。我在"文革"中也常去给人讲故事。在讲故事时把自己想象的能量也释放出来了。在号子里，精神的土地更是荒凉，你的故事更是必不可少的了。

韩：我的故事使我在号子里成了一种"精神领袖"，有些事他们还真听我的呢。

冯：这是一种变态和可怜的精神生活。

韩：而且对于漫长无边的"牢狱生活"来说，靠着讲故事和在裤子上画画一天天走下去，还是太艰难了。你不能总是那么一股劲地活着，有时会觉得完全没有希望，看不到尽头；到了三年之后，一天天显得特别长，真有度日如年的感觉。

冯：看来，惟一的办法是使自己麻木了。

韩：麻木自己也是很难的，现实时时刻刻会让你清醒。比如1971年林彪事件后，人们从那股子热劲儿傻劲儿拼命劲儿下来了。我在淮南的几个朋友，不知从哪儿听说我三年多没吃一顿饱饭，就托洞山看守所的一位姓陶的管理员把我接出去吃一顿。借着看病，接出来一次，那时可真像搞地下工作的。

冯：这可能吗？

韩：姓陶的管理员人不错，是刚转业的军人，也可能与我这些朋友有点关系，就给办了。

冯：用什么理由办的呢？

韩：借口我身体有病，那时我瘦成一把骨头了，就说接我出来看病。到外边看病是可以的，这姓陶的朋友在看守所有点权力，我的朋友们就把我接出来了，在一个百货店里边找了一间不起眼的小屋，鸡鸭鱼肉摆了一桌。我一看就哭了。

冯：感动了。

韩：不是，我那时还是有点憨，一看这场面，我竟然以为北京那边中央知道了我的事，知道我受冤枉了，我就哭了，你看我傻不傻？

冯：怎么到了这种时候你还会这么想？

韩：我那时太简单呵，真憨呵，有点愚忠呵。我的朋友蒋梦林说："你都成什么鬼样了，怎么还这么想，中央哪儿顾得了你，再说中央知道你是谁呀，这是我们哥儿几个给你办的……"这几句话叫我回到现实里，我又哭起来，这一来哭的就不同了，是明白之后的哭，哇哇地哭，哭得我竟然满桌子的菜什么也没吃。

冯：你有叫人不好理解的憨的一面。你艺术的智商超高，但你社会的智商好像差点，要不莫言说你有点"没心没肺"。这也许正是你可爱的一面。可能你一门心思全在画画上面，把人画傻了。傻是一种单纯。我常想，只有你这种人、这种性格和你这种纯粹的性情，才使你能把艺术干到这样一种不可思议的境界。

冯：从时间上看，现在距离你从这里走出去的时间好像不远了。你是1972年被放出去的吧？

韩：如果我再关在里边，恐怕永远走不出去了。我身体已经完全垮了。管理员已经看出我不行了，不大叫我出去劳动了，每天叫我在院里多坐一会儿，晒晒太阳。

冯：这也正是刚才说的恩格斯《自然辩证法》那本书里的一句话，他说人类最后消亡时，地球渐渐变冷，人类都跑到赤道附近，去吸取愈来愈少的生命必需的太阳热。

韩：我们每四五个月理一次发。四个多月头发很长了，一剃一堆。这时我理发，感觉我剃下的头发不是从头上掉下来，而是飘下来的，又细又长，落在地上，是黄色的。头发是人健康的象征。我感觉我身体快不行了。

冯：那位所长呢，对你怎么样？

韩：有一次所长叫我和一个叫胡傻子的人把院里的一口缸搬到另一边，这缸的缸口有一米多粗，一百多斤重，我才几十斤重抬得动吗？上去一用劲，就全不知道了，后来弄到树荫下边半天才爬起来。这时候我又患上了疟疾，根本吃不下东西，真临到死亡的边缘了。这时所长叫人把我弄到一个空号子里去，是个小号子，害怕我传染上别人，又不放心我，叫两个小偷看着我。三个人睡一个大炕，倒是不挤了。国庆节时，每个犯人分到一小块肉，我也吃不下去，给那两个小偷吃了。我连肉都不想吃，觉得没什么气力了，快完了。

冯：疟疾怎么治的？

韩：有个任管理员，是个副所长，他给了我一片奎宁，没想到这一片奎宁竟然救了我，疟疾居然好了。原本这一片奎宁并没有这么大效力，但是救活了我。可能真像书里说的，人到了底线，一滴水就能活。

冯：也许你好久没吃药了，不常吃药的人偶尔一吃特别管用。我想知道，在放你出来之前，你有没有预感？

韩：我根本不会往那儿想，早认为自己没前途了。可是有一天去劳动拔草，所长对我说："韩美林你出去后可以发挥的地方多了，好好改造就是了。"我听了挺奇怪，他怎么对我说这话，口气也不像平常那么凶了，是不是要放我了？这想法也就是一闪念。绝望已久的人不会往好处多想，多想就是苦恼。可是真的没过多久就放我了。

冯：哪天放的？

韩：十一月七日。

冯：谁通知的你？

韩：所长，他把我叫去。

冯：找你谈话？

韩：设一个陷阱。

冯：我不明白。

韩：那天所长突然把我叫去，对我说："要放你了，明天你们单位就把你接回去了。你在这儿待这么长时候了，你有什么委屈可以发一发，出去就别发了，你在这儿发的不会给你算什么。"

冯：这可真是个陷阱，你要说点什么不满的话，又成了对无产阶级专政不满的言论了,你也就别想出去了。放不放你不是他能决定的,上边要放你,他不能不放。可是,你如果有新问题,他就有理由把你再关起来。这人可真够歹毒的。

韩:你认为我是白受了这么多年的罪了吗?还会那么单纯吗?我难道不知道他在套我?能上这个当吗?

冯:你怎么说的?

韩:我说我韩美林就说三句:一、我不是反革命;二、是自己的阶级兄弟;三、你就是给我一支枪我也不会杀人。

冯:他说什么?

韩:他什么也说不出来了。我算"聪明"地过了这最后一道鬼门关。

冯:你总算会保护自己了。你没白坐牢。当然,你付出的"学费"无可估量了。应该说这种"聪明"是命运教出来的,就像很多动物有自我保护的本能,都是在险恶的环境中造就出来的。这是不是我们这一代的悲剧呢,下一代人能理解吗?是不是会认为我们是一群苟且活命的可怜虫。可是——我想,如果把他们拉进那个时代,他们会怎样?评价那个时代是一回事,承受那个时代就是另一回事了。

冯:第二天——1972年11月8日,这也是你人生重大的日子,你离开了洞山100号,离开号子时有什么感觉?

韩：我说不好离开号子时的感觉。我把牙膏、草纸和破褂子全留给"弟兄们"了,《毛选》也留下了。管理员在旁边,什么也不能说。一个小偷跟我挤挤眼儿,至于重刑犯——该枪毙的,就摸摸他的肩膀吧。其实碰到别人放出去的时候,各人想的还都是自己的事,自己的将来。

冯：这一天,厂里派人来接你了吗?

韩：一个姓尹的工人接我回去的。我办了手续,领回当年进洞山100号时上缴的东西。皮带已经烂了,断了几截不能要了,工作证上的照片发霉了,那个雕刻的小木头人还有,是个朝鲜姑娘吧,我拿在手里了。还有一点点钱。我离开洞山,说不好当时是什么感觉,反正外边的柳树已经成大柳树了,进来时一头小黄牛已经长成挺大的母牛了。可是一上公共汽车就感觉回到人间了,而且是"天上人间"。听到小孩子哭,自行车铃响,看到卖东西的小店,我激动极了,我感觉我是人了。我看到卖馄饨的,卖香烟的,哪怕是走路的人呵,听到小贩叫卖的吆喝声呵,我已经四年多没听见没见过这些东西了,我回到人间了。可是,我走回厂里的路上就没劲儿了。走一段坐下来歇一会儿。我身上不是还有一点钱吗?先买一包饼干吃,没想到饼干这么硬。我已经快两千天没吃到硬东西了。在号子里天天喝的全是稀饭菜汤,没有咀嚼能力了,受不住硬饼干了,扎得满嘴生疼,吐出来全是血。后来 一个医生对我说,多亏你吃了饼干有察觉，有的犯人出来吃得饱饱的，几天就死了。那个胃长期以来萎缩了，猛一撑，没能力消化，很容易死。

冯：真是闻所未闻了。

韩：那个姓尹的工人把我领到保卫科，告诉我三恢复，恢复工作、恢复工资，还有什么恢复我就不记得了。厂里对我还不错，给我一间六平方米的小屋住。

冯：记得你前边说过，你放出来第一件事是去看你的"儿子"，那只小狗。

韩：是，我补给了工资不是有些钱了吗，就买了肉去看它。

冯：我写你那小说《感谢生活》，也写了这个提着肉去看小狗的细节，还写你见到了那小狗。

韩：实际上我没见到它。我去杨师傅家，杨师傅见我又瘦又小、非人非鬼的样子吓坏了。我说，杨师傅我没事了，回来了，我不是看你的，我来看看那只小狗。杨师傅说小狗那天被打断脊梁，嗷嗷叫了两天就死了。

冯：哎，你都不知到哪里去纪念它。

韩：可我永远不会忘掉它，它是为我死的。

冯：你后来爱画狗是不是也与这小狗有关？

韩：狗确实比人还忠实，我说忠实，是因为它绝对不会出卖你。你听说过哪只狗出卖它的主人吗？所以我总画它们。我的《患难小友》

画的就是我心中的这只小狗。

冯：我知道，那是你那个时代的一幅代表作，一幅叫人感动的作品。如果人们知道你这个故事，会更爱这幅作品。在你回到厂里之后，厂里的同事们还把你当做反面人物吗？

韩：好多了。可是"文革"还没有结束，运动还总一波一波地从上边掀起来，另外我还没有彻底平反，还在淮南瓷器厂劳动，没有回到合肥，所以政治与我的关系时隐时现。厂里究竟还有几个当年把我往死里整的人，他们是靠运动吃饭的，恨我不死。比如"批林批孔"来了，他们又活起来，趁机把我设计的东西砸了，运动过去又照旧叫我去搞设计，或者给厂里各个车间写写标语。可是，下边的工人待我很好。

冯：怎么个好法？

韩：工人待你好，表达得很简单很直接，给你做点吃的送来。那时我无亲无故，孤身一人。他们送点吃的来，我就很温暖。

冯：有女朋友吗？

韩：我在安徽二十二年没有再碰过女人。只有一个女孩儿，她喜欢我的才，有时到我的小设计室来聊天，我俩聊得来，渐渐要好了，那时男女青年要好很单纯，有时我骑车带她上街，她坐在自行车的后架子上，手搂着我的腰，叫人看见了，告诉她爹。她爹以前就和我认识，关系还不错，可是因为我还没有平反，怕他女儿跟个反革命好上没有前途,就坚决反对,还要揍我,她兄弟们也要揍我,还拉来很多人要打我,一时闹得挺大。我们厂的工人们就守在我的房子周围掩护我。后来那女孩调到了市政府工作,跟我做朋友确实不大合适,这事就岔了。因为这事,我知道自己身上还有政治问题,也就没再交女朋友,我不能影响人家。

冯:淮南文工团那个程媚媚见过吗?

韩:见过,她结婚了。不过我出来后,淮南文工团的演员、美工,还有一些爱画画的,都常来找我,大家聚聚。我就给他们捏些小动物,小猫小狗小鸡小狐狸,上了颜色送给他们,我还画画给他们,大家都很高兴。

冯:你画哪一种画,画什么?

韩:那时候人物画只能画工农兵,我却不能画,容易叫人挑错,说我歪曲工农兵形象。我就画各种好看的花卉和各种可爱的动物,他们都喜欢。那时出版的画动物和花鸟题材的很少。

冯:基本上没有,那属于"资产阶级的闲情逸致"。你画的是国画吗?

韩:我没有宣纸怎么画国画,我创造了一个新画种"刷水画",回头我细讲给你。我还发明了一种钢笔画,将笔尖后边的"舌头"拉出来。

冯:舌头?导墨槽吧。

韩:是吧。这样一来,就会同时出现一种"粗笔"的复线,效果很特别。对了,这期间我开始练习书法了,还研究古文字。

冯：你怎么可能研究古文字？再说你什么资料也没有呵。

韩：这事也是因祸得福，我这辈子的"福"都是"祸"带来的。1972年年底厂里叫我写大字报，我从画墙报台子上掉下来了。我的腿不是"文革"初被打断了吗，这次又摔断了。淮南医院接骨头的技术不行，厂里的工人就把我弄到老家济南，由我的同学赵彬送我到齐鲁医院去治。多亏济南的齐鲁医院水平高，一看我断开的骨头根本没对上，上下两截是错着的，如果不是齐鲁医院的大夫撕心裂肺硬把骨头拉开再对上，我就瘸了。骨头接好后，就去上海母亲那里养着。自从监狱出来后我身体一直特别虚弱。天天晒太阳，散步。福州路有个旧书店，我常到那里边去泡。一天忽然发现墙角有一堆没有分类的旧书，其中一本书封面上的几个字向我笑着——《六书分类》！我叫服务员拿给我，没等翻开就觉得浑身发冷发抖，跟着哭起来，然后是痛哭，哭个不停。

冯：为什么？

韩：这是本研究古文字的宝书呵！

冯：你怎么会知道这本书呢？

韩：是缘分呵。在我还是小孩子时到土地庙去玩，从神像后边掏出这本书来，不知当初谁藏在里边的。这是一部专门解释古代钟鼎上文字的书，它叫我十分好奇，虽然我不懂，可是这些文字像画，很神奇，叫我着迷。我就临书上这些字，这也算我最早写的天书了。

"我怀念这个家"（韩美林手绘早年在小学同学赵彬家养伤的环境图）

从那时候到这次见到它,隔了三十多年呵。中间受了这么多苦和罪,几乎和艺术断了缘分,现在重新见到它了,我怎么会不哭?我紧紧抱着它不撒手。

冯:你这人还真有点神。

韩:书店的人见我这么喜欢,就卖给我了。我"三恢复"时不是有些钱吗?后来这书店陆陆续续还卖给我另一些古文字的书,有《说文古籀》《金文编》《四体千字文》等等。有了这些书,回到淮南我就有事干了。反正写字与政治无关,书法和研究古文学成了我个人的生活。

冯:看来你的日子好过一点了。

韩:"文革"后期上边斗得厉害,运动少了,我就宽松多了,厂里单给我一间儿平方米的小设计室,我设计些茶具和雕塑,厂里不生产这些东西,但也不管我,我就烧出来送给大家,宽松得多了。

冯:还有其他压力吗?

韩:当然还有,我还没有平反,没回到合肥,还是当初"发配"到这儿来的。

冯:这种压力是隐形的。这种压力我也感受过,而且在"文革"没结束之前,谁也看不到它的尽头,虽然"文革"的高潮过了,但不知道它会不会重来一次,还得小心翼翼,"夹着尾巴做人"。

韩:那时每天早晨五点起床,我约上几个朋友骑车去八公山打太极拳,恢复体力。到了周末，人们都休息了，厂里一个人也没有，我一个人也去八公山，但不是打太极拳，而是一直爬到山顶，对着寿州那边大哭。

冯：为什么哭？

韩：我无亲无故，被肆掠一空，心里堆着无数苦难，而且前途渺茫，我需要释放内心的压抑，一个人，哇哇大哭。每周都去站在山顶上哭。

冯：这情况到什么时候？

韩：直到"文革"结束。

冯：我能够想象到你当时的情景。我看到了，经过惊涛骇浪和九死一生，你终于被时代的风浪吹到大海的岸边，你破衣褴褛地趴在那里，但你活过来了。你的生命力也够得上一种传奇。

上卷
炼 狱

第三章 重返人间

一、人　间

冯：你一定记得你是哪一年回到合肥的。你的人生充满生死的节点。

韩：是。1978年，那一年我42岁。

冯：是不是从此开始了你艺术的迸发期。

韩：实际上1976年"四人帮"一完，我身上的绳索就开始挣脱了。

冯：在淮南？

韩：是，前头咱们说过，我创造的那个新画种——刷水画受到广泛的欢迎。各方面的人托朋友找我要，要画的愈来愈多。

冯：那个时代不是市场时代。不是买画，都是求画。你的刷水画是过去从来没有见过的。它不同于宣纸上的中国画，宣纸上无法画出这样极其逼真的毛茸茸的感觉；它又不同于水彩画，水彩里没有这种中国画的笔墨，你的确创造了一个全然一新的画种，我第一次见到你的画时，有一种震惊的感觉。那种毛茸茸、蓬松、飘逸、灵动，还有一种笔墨的神奇，不可思议。

韩：这是苦难的产物。当时我想画画，可是找不到宣纸，正巧工会有

上卷
炼 狱

出狱后第一次照相

不少图画纸,我想起水彩画有一种技法,是先在图画纸上刷一道清水再画,我主要不是用色彩,而是用墨,效果非常奇特。我就渐渐摸索出这种画法。如果当时有宣纸,我也不会在图画纸上刷水了,就不会有我这种技法与画风的创造。所以我说是苦难把我逼出来的。

冯:这种画技法很复杂吗?

韩:就像国画,最重要的是对水墨与色彩的把握与控制。水墨在刷了水的纸上的变化是瞬息万变的。至于技法,是不断摸索出来的。我给你讲一个细节。一开始,我对水墨向"外"洇的效果有办法,可是对"内"洇没有好办法。比如画熊猫,眼部是白的,不能有墨,如果水墨向"内"洇,就把眼部盖死了,怎么办?一次在画骆驼的时候,旁边站着一个男孩子在看。他看我画的骆驼毛蓬松好看,很喜欢,他一边叫人来看,一边手指我的画。可是他手一指,指肚触到画面,可能人的手指肚有油,就使正向外洇开的颜色停住了。这给我一个意外的启发,我把如何控制刷水画向内洇的方法找到了。

冯:这时候你的政治压力是否愈来愈小了?

韩:这期间,厂里换一位厂长姓秦,叫秦仲明,看上我的才了,他思想开放,下一道命令,我不必再去车间劳动,专搞设计,时间自由支配。这一下我就放开画了,我的影响渐渐出去了。广东轻工业研究所一位陈先生来请我去为他们画花卉资料。

冯：厂里同意你去吗？

韩：这时已经是 1977 年了。全国开始批判"文革"，平反纷纷开始了。我到广州，一口气给他们画了各种花卉几百张！他们还印成了一本画集叫做《山花烂漫》。这是我出版的第一本画集了。不久，万里来到安徽做书记，马上给黄梅戏的"皇后"严凤英平反。严凤英是在"文革"中屈死的。这一下文艺界就解冻了。作家陈登科、鲁彦周、画家肖马也平反了。他们都是安徽顶尖的大家。

冯：我认识陈登科和鲁彦周，有过交往。他们都是很好的作家。鲁彦周的《天云山传奇》在当时有很大的社会影响。

韩：后来，陈登科、肖马到淮南采访，听到我的情况，看了我的画后，马上找我交谈。他们回去向省委做了汇报，据说陈登科还上书省委给我平反。转年秋天，淮南市召开全市干部大会，会上宣布给我全面平反，把我调回合肥，调入文联……

冯：这样，从 1963 年把你从北京"发配"合肥，从合肥送到淮南劳改，再关进洞山，九死一生地转了一大圈，前后历经十五年，现在你又回到合肥，你是否想到过究竟是为什么让你平白无故地付出如此漫长的生命时光，经历如此惊心动魄的生死危难？你现在不必回答，等到下边我要与你放开思想交谈这个话题时再说。从你的资料里，我知道，你被平反后的一年，是你疯狂工作的开始。

与界首陶瓷厂芦山义合作

你到处画画，举办艺术讲座，出版作品。

韩：是的。我控制不住自己了。

冯：1978年和1979年是中国文艺界火山爆发的时期。我把这个时代称之为"凌汛"，像黄河解冻。冰河开裂时常常发出巨响，巨大的冰块还会冲上岸来削平村庄。我写过一本1977年至1979年中国文坛的回忆录就叫做《凌汛》，那个时代难以令人忘怀。高压下精神思想的爆发是不可遏制的，创造力也是不可估量的，于是伟大的"新时期"文艺运动开始了。1978年一年我写了七十万字，我也有"井喷"的感觉。我们都是一下子被全国知道的。你的刷水画就是那时候一下子惊动了全国画坛的，特别是1979年你在北京举办的韩美林画展。

韩：黄永玉先生是"文革"后第一个举办大型个人画展的，我是第二个。那时很多文化界的人都来支持我。冯牧、黄永玉、白桦、叶楠、华君武等。我那幅《二十年后又是一条好汉》是送给白桦的，我们都是同命运共患难的；《寂寞沙洲冷》是从画展上摘下来送给歌唱家张权的。她在"文革"时一直被流放在北大荒……

冯：你终于被世人发现了、认识了、欣赏和热爱了。你的生活发生了巨变。1985年你被落实政策，返回了北京。

韩：这是由于许多朋友帮助了我，陈登科、肖马、张光年、冯牧、唐达成、吴泰昌，还有常沙娜，她说："当年我们中央工艺美院派韩美林去安徽，是为了帮助那里建立美院，说好是三年，现在多少年了？必须全面平反。"她说得很坚决，特别是强调要"全面平反"。我永远不会忘记这些人。

冯：他们都是很优秀的人。我钦佩常书鸿，也钦佩常沙娜。我们活到今天，每个人都有恩人。

韩：在合肥肖马对我的帮助很大。我们同住在省委分配的一座小楼里。肖马是位真正的艺术家，画画、音乐、文学的修养都很好。和他在一起，就是和艺术在一起，他女儿严歌苓也是我的好朋友。

冯：作家严歌苓吗？

韩：她很有灵气。那时她还没有写作，但她对艺术很有悟性。

冯：你回到北京就是另一番天地了吧。

韩：我回到北京后便开始对艺术展开全面的"进攻"——

冯：这一切我都是见证者。我们自八十年代就相识，直到今天，交往不曾间断。我见证过你许多重要的艺术活动与大型展览，见证过你北京、杭州和银川三个艺术馆的落成，还为你这三个艺术馆的开馆剪彩讲了话，我出席了你一年一度的生日纪念与学术论坛，并感受着你与建萍的恋爱经历与独特和多彩的家庭生活方式；重要的是我目睹你从一个艺术领域跨入另一个领域，不断开创天地一新的艺术境界。你说是吗？

韩：是的。

冯：我对研究你的兴趣愈来愈大。其中最大的还是你的心灵史，以及你艺术世界深层的构成及其内核。所以，我要用口述的方式先对你的人生的脉络进行梳理，下边就要探索这些经历给你的心灵与性格带来的影响了。我相信真正艺术家的作品是他心灵与性格的外化。我们现在对艺术家的研究只注重文本研究，不注重人本研究，但对于你的研究必须从人本出发。

二、光明与阴影

冯：你是我见到的遭遇最不幸的艺术家之一,又是不幸中之万幸。你曾经落难于社会生活的最底层,最为残酷、冷峻、野蛮和非人道的底层。洞山100号匪夷所思。可你又是幸运的,你没有在黑暗中死去,而是在天明之后活着站了起来;并从此开创你最向往的自由驰骋的艺术世界。光明与黑暗在你人生分别占据了一半。它们之间是什么关系?这是我要探讨的。尽管在你今天的光明中已经看不到昨天的黑暗,但是那些黑暗跑到哪里去了?它是否成为一种隐性的阴影,还是已经转化为你特立独行的性格与艺术的一部分,甚至成就了你的性格与艺术?如果是,是哪些呢?我一直在寻求这个答案,过去我靠的只是观察,今天要靠你自己来说。

韩：如果你有兴趣,我愿意协助你。你让我说什么?

冯：首先,你当年的委屈和冤枉,现在还有吗?

韩：这些呵,在洞山的后期已经没有了。

冯：那是因为几个案件,以及罚跪、假枪毙等一系列事件,最后一次应该是你的朋友们接你出来吃一顿，面对一桌鸡鸭鱼肉，你竟然还以为"中央"知道你受了冤枉，结果你梦醒了，"愚忠"从此烟消云散。是不是？"文革"发动者的损失是失去了大量的"愚忠"者——实际革命需要的不是"愚忠"者，而是信仰者；而那些"愚忠"者醒来之后呢？其实是一种时代性的进步。因为"愚忠"属于封建主义。可是我想知道，在你的"愚忠"瓦解之后，是否对社会失去了希望？

韩：没有。不再"愚忠"我才解脱了。应该说，在"文革"完了之后，我反而对社会有了真正的希望。

冯："文革"使我们明白了，到底我们需要什么样的社会——健康、公正和文明的社会。这是我们那代人都共同和强烈感受过的。比如张贤亮，他也坐了二十多年监狱，"文革"后才被"解放"，在美国爱荷华聂华苓的家里，一个晚上，我们与索尔斯伯里喝着茶，谈邓小平、谈中国的改革与未来，当时我们都很激动，对中国的未来充满了希望，我们的声音好像都在发光。那年是1985年，正是你落实政策回到北京那年。好，咱们先不谈这些，还是回到原先的话题，回到洞山，我想再往深处挖一挖：在你最绝望的时候，看不见前途的时候，你有没有宿命的意识？

韩：这个有，有宿命论。原先总是想不开，自己和自己较劲儿。我总想，我是穷人家孩子，十三岁参军，一心跟着革命，有向往，虽然说些牢骚话，也不是我的错呵。"反右"时不是说"大鸣大放"不打棍子吗，结果中央美院、中央工艺美院打了那么多"右派"。再说我也没干反革命的事呵，什么时候又里通外国了？把我从北京弄到安徽，再从安徽弄到淮南劳改，又关进洞山坐牢，受这么大罪，究竟因为什么？为了什么？当时我找不到答案，最后只能归到我的命上了——如果命里有这个"劫"就逃不掉，归到命上也就认了，不那么难受了。

冯：那就只能任由命运宰割了。

韩：你还有别的出路吗？

冯：可是你为什么还用筷子在裤子上画画，为什么还去努力恢复被挑断筋的手，使自己的手重新能够画画？

韩：这个，说不好，是本能吧。我不是说了——我这辈子就是为画画来的！

冯：那就是说，在你的生命之上还有一个东西，就是画画。

韩：可以这么说。

冯：我最看重你苦难史中的这个细节，就是蹲在号子里，饥寒交迫，还拿着筷子在裤子上画画。你也许没去想为了什么，好像你只是听命于本能和天性而已，实际上对于你——画画重于生命。

韩：也许是吧。

冯：我还想与你探讨一个问题，是苦难与人的性格的关系。我在写

上卷
炼 狱

1974年在淮南瓷器厂

《一百个人的十年》时,发现知青中有截然相反的两种人,十分明显。一种人是被生命的重压压垮了,他们在生活的历史中销声匿迹;还有一种人被生活的重锤锤打了出来。你看,现在的社会精英和各界的中坚力量中,有一批强有力的人物都来自当年的知青。残酷的生活把弱者压扁,却把真正的强者锤炼出来。

韩:我说过"有人想用苦难毁掉你,结果苦难塑造了你"。

冯:我发觉你性格里有种刚正和刚烈的东西,宁折不弯,敢于挺身而出,有很强的张力。你承认吗?

韩:我有刚烈的东西。

冯:你这种刚正和刚烈是与生俱来的吗?

韩:我出生于山东,从小受孔子儒家思想很深,人要谦虚,诚实,重情义,做人端正,宁折不弯。我小时候其实很害羞,到别人家吃饭不好意思吃,所以总吃不饱。人家给夹菜,害羞,躲着,把饭碗拿到桌子下边,结果碗里的饭被桌子下边的狗给吃了。考到中央美院,入学后听完教务长讲话,同学们纷纷表态,个个能说,说要争做"人类灵魂的工程师"。我那时不会说话,最后一个发言,我表示谦虚,说我没有灵魂,大家全笑了。可是几十年吃尽人间苦头,人变了,能说了,性格也变了。特别是在洞山为了藏安眠药片,罚跪一天。我心想我受尽折磨,却连自杀也不行,从此我什么也不怕了,不但非活下去不可,还得活得坚强。我是这么活下来的,你说我性格会不会就这样改变了?

冯:这叫我想起阿·托尔斯泰那句话,"在清水里泡三次,在血水里浴三次,在碱水里煮三次。我们就会纯净得不能再纯净了"。如果这话放在你身上,可以改为"在碱水里煮三次,血水里浴三次,烈火里烧三次,就会纯净得不能再纯净了。"

韩:你看我的马画得为什么与徐悲鸿的马不一样,你能从中看到我身上那种刚烈的东西。

冯:有时有要爆炸的感觉,能够感觉出来自一种内心的不可遏制的力量。这些东西有时还会从你画的题款流露出一些。实际你性格里的东西都在你的画上,你的命运也在你的画上。但洞山那些肮脏与悲凉的东西从来没有出现在你的画上。

韩:像我这样,心里没有阴影是不可能的。直到现在我尾椎骨还有问题,会淌血,这是坐牢的后遗症。岁数愈大,我曾经被打碎的脚骨头就会愈疼。偶尔我还会做噩梦在洞山里。但是我到了艺术中就不一样了,艺术家要生活在美里,内心要超脱,不能给人丑恶的东西,要给人美好与希望。只要发现一种美,就要表达出来给人们。

冯:同时,你的艺术又不完全是刚烈的。你的动物和花草表现得往往很温情。这恐怕与你在苦难中常画这些题材与形象有关。你把它们理想化和人性化了。你的画是不是具有很强的理想主义色彩,在文艺史上，理想主义正是现实精神贫瘠的产物。问你最后一个更深层的问题，你怀旧吗？

韩：我想一想，是的，有时怀旧。我有时会把苦难中帮助过我的人请到北京来，比如合肥、淮南那些朋友，那些普通的工人，包括在洞山帮助过我的人，我请他们来玩，还给他们组织个旅行团，请他们到新马泰或欧洲去玩。我总是怀念他们，感恩他们。

冯：你怀念那苦难的岁月吗？哪怕是在洞山100号里？

韩：会怀念，当然不是苦难，而是怀念那些岁月与时光，那些时光再也找不回来了。

冯：我明白，它是你生命的一部分，其实也是你艺术的一部分。

上卷
炼 狱

《患难小友》

下卷
天 堂

> 天堂离我们并不远,就看你是否站得高。
>
> ——作者

我认识韩美林是在他刚刚脱离苦难不久，那时他还没有回到北京。大概1983年吧，我已经记不起是在什么场合。反正那时他已经有名气了。我初见他的刷水画时，就感觉十分新颖和独特。他给我的第一印象是个不起眼的矮个子，脸色灰暗，但他的目光特别明亮、透彻，而且有一种纯真的东西，好像对着你毫不顾忌地敞开自己的门——里边一片通明，让人直截了当地感受到他率真的天性。这目光给了我很深的印象，一直到今天，还是这样。

此后与他渐渐熟了，知道他经受过那些极度的苦难与屈辱。现在他右手的腕部，还能明显看到一个凹陷下去的肉坑，就是当年挨斗时被人用刀"挑筋"留下来的疤，样子很可怕，可以想象当时的惨烈！在这次做他的口述史时，他叫我摸摸这个疤，当我的手指肚触到这疙疙瘩瘩的肉坑时，心里有种痛切的感觉。我很好奇，怎么从他脸上一点也看不到呢。特别是他的目光,没有一点晦暗与疑惑,还那么纯真与坦诚?使我更加不可思议的是,他整个艺术也是这样——从无阴霾,一片光明,美得至纯。我常常暗自发问:这是他天性的使然,还是成功地完成了一种精神的超越,或者把那些终生难咽的苦楚悄悄藏在什么地方了?如果藏起来,又是为什么?出于作家的职业习惯,我一直把他的心灵史作为我深究的对象。我暗暗留心他不经意间流露出来的那些东西,想找出究竟。

脱离苦难之后的他,人生也不是风平浪静。他遭遇过婚变,身体有过大挫折;同时,艺术上的成就带来了愈来愈多的社会荣誉,也伴随着各种世俗的困扰。可是他天性追求快乐,率性结交朋友,喜好"仗义勇为",再加上他始终高频率、不断翻新的艺术创作,使他中年以后的人生色彩缤纷。可是,这些不是我最关注的。

我所关注的,仍是他命运与艺术的关系,黑暗与光明的关系,还有从重重的苦难怎样走进艺术的天堂?

在上卷"炼狱"里,我已经将他的苦难史交代清楚了。在下卷中,我依然使用口述的方法,请他讲出自己心中的天堂——艺术。对于韩美林的艺术是很难进行全面评论的,因为他涉猎太广,横跨领域不同,又特立独行,一刻不停地更新乃至颠覆自己。然而在这里,我却要彻底理清他艺术的世界,包括他艺术的构成、源头、本质、理念、崇尚与方式。我要弄清他在艺术的天堂里,建造怎样一个自己的家园。

这样,上下两卷便有一些区别。上卷是他的口述传记,多为事件与经历,偏于感性。下卷是他的精神天地,多为解析与认知,偏于理性,但两部分是直通着的,它们是韩美林生命的"因"与"果",一种神奇的因果。就像——

太阳是黑夜下的蛋。

为此,在上卷里,我要挖掘他后来能

够进入天堂的根由；在下卷里，我要探究命运对于他的艺术深层的意义。

当然，这种事情只能发生在一个真正的纯粹的艺术家的身上。

我写过：

真正的艺术家，都是用生命来祭奠美的圣徒。

冯：现在我们开始一个全新的话题，一个你和我都有兴趣的话题：关于你的艺术和你的"艺术王国"。因此，我选择在你北京的美术馆里做口述访谈。这里边琳琅满目地放着你的作品，在这样的氛围里，我会更有感觉，思维更活跃，也就更会有灵感冒出来。我想在你的王国里讨论你的艺术。

韩：这个主意不错。可能随时会有新想法。但是王国我不敢当。

冯：自1985年你回到北京后，开始施展1964年之前的抱负。1985年是新时期文学艺术的黄金时代。各种思想禁锢土崩瓦解，各

口述访谈现场

路文艺才俊群雄并起。一批批优秀的作家和艺术家涌现出来。实验文学刚露头角就锐不可当，一大批实验小说登上文坛，与反思文学——另一个批判现实主义的文学大潮并峙文坛。那时的文学景象奇特又充满活力。同时美术界也开始新潮涌动。一些试验性的当代绘画不断冲击画坛，终于在1989年初的中国美术馆举办了惊动全社会的第一届当代艺术展。我应高名潞之约，还从天津跑到北京为那次展览剪彩。那是一个令人激动的年代。外来文艺思潮迅猛地冲击着中国具有新生意义的文学艺术。各种狂想标新立异。

在这样的环境里，你——韩美林好像超然世外，自得其乐，你只管画你的画，做你的雕塑与陶瓷，创造你的世界。我说你在创造你的世界，这在当时是谁也没有想到的，老实说我也没有想到。我只看到你在我行我素，独来独往；你不加入画坛上任何时尚的队伍，不投身任何光怪陆离和时髦的美术潮流。但是，渐渐的你的艺术在任何地方都会一下子跳出来，叫人认出——这是韩美林。这决不仅仅是风格问题。你所有作品都是你夺目的符号。这时，你已经开始开疆拓壤，大兴土木，从绘画到天书，从雕塑到造型，在艺术各个领域恣意驰骋，并以匪夷所思的作品数量创造出规模宏大的自己的世界。因为这个世界有你过于强烈的个性色彩，甚至充满你韩氏的审美统治，所以我动用了一个词儿——王国。

为此，我给我自己一个工作，也是一个压力，就是从理论上解析一下你这个王国。因为你的王国太庞大和丰繁，特别是过去虽然评论不少，但没有人做过全面和整体的理论梳理与研究，我这个工作自然就有压力。

可是，我很高兴在你的作品中间，与你交谈你的艺术，同时还带来我所了解到的公众对你感兴趣的话题。还有一个原因，就是从十八层地狱里活过来的韩美林，居然坐在你自己心灵的天堂里，来谈自己心中的艺术与艺术的自己了。我想，我的读者也会饶有兴味地来听、来读。

我们从哪儿开始呢？先了解和认知你这个王国吧。

第一章

对一个艺术王国的探访

下卷
天堂

冯：我刚才对你的整个艺术世界用了一个词儿，叫做"艺术王国"，你可能接受不了，认为我把你夸大了。我说了，我称"王国"基于两点：一是你的作品体量之宏大，体裁之多，很难有人能够比拟；二是你对自己的艺术有一种极端个人化的审美统治，所以我称为"王国"，现在我也可以称为你的"艺术世界"。

韩：世界就够大了。

冯：好，我现在想知道，你自己这个"艺术世界"是有意构成的吗？还是一点点自然积累而形成的？就像我们写作，一本一本不断写出来，渐渐形成自己的文学世界。不过也有的作家开始就有一个宏大的目标，事先设计得很大，比如巴尔扎克的《人间喜剧》，他最终写了九十七部小说，构成了自己庞大的文学世界。

韩：我是自然形成的。因为谁也不能规定明天是什么样的。前面都是未知数，也不可能规定得太高。我只想做一个好的画家，诚实的人，都不会去想做一个伟大的画家，一个崇高的人。我只能一点点努力证实我的想法,不可能预见自己。

冯:而且我们对艺术的理解与认识也像爬山一样,只有爬到一个山顶,才会看见远处另一个更高的山顶。

韩:艺术上向前的每一步还是顺其自然出来的。

冯:我明白你的意思,不是揪着自己的头发把自己拔高的。

韩:实际上也无法拔高。

冯:那么,对你现在这个艺术世界,如果去掉其中的任何一种,比如书法或者雕塑,你认为可以吗?你的世界是不是就残缺了?

韩:当然不行,它们对我同等重要。

冯:我认为你的艺术世界是由四大方面组成的。一是绘画,你各种体裁的绘画;二是天书,也包括你的其他书法;三是雕塑;四是设计,你的染织、陶瓷、木雕、玻璃器皿、宜兴壶等等,我都给你归纳到设计里,我说的设计主要有两方面——造型设计和图案设计。这也是美术设计里最重要的。我把你的世界分成四个方面,你同意我这个分法吗?

韩:同意。

冯:你刚才说同等重要,是指上述这四个方面对你同样重要吗?有没有哪一方面最重要,比如绘画?

韩:不,一样重要。没有什么最重要的。我想到什么干什么,遇到什么问题就解决什么问题。我经常自己嘲弄自己,神经病一上来,

创作时

我也不知道我要画什么。有时，忽然起身来，去画室干活去，走到画案前，不知戳到哪根神经了，说不定是画画，说不定是写字，说不定我转身坐上我的"大篷车"跑到农村去了。只要我的神经病上来，什么都不重要了。重要的是，不知触到我神经里你所说的"四个方面"中的哪一个方面。

冯：你这样的创作很奇特。中国画不是要"九朽一罢"吗？"六法"中不是也有一句叫做"经营位置"吗？你不画草图？

韩：不是全不画草图，反正通常不画草图。因为我的积累太多，在我面对白纸的时候，脑袋里还是空的，可笔一上去就出来了。

冯：你走进画室时，是不是充满艺术的欲望和冲动？

韩：那种感觉极好。

冯：可是相比较而言，总有一个方面你更看重吧。

韩：不不，因为它们对我是一个整体，而且它们是"四兄弟"。

冯：这个"四兄弟"说得很生动。兄弟是一母同胞，谁也离不开谁。

韩：它们之间互相影响、互相牵制、互相补充。你可能不明白吧，比如我画着画儿，狂草就进来了；设计宜兴壶时，绘画又糅进去了。在这方面有了新的体验，很自然又使那方面有了进步。你说得对——谁能离得开谁呢？

冯：当你从这方面创作转向另一方面创作时，有没有理性的把握呢？听你刚才说，好像没什么理性的安排，是随着性情。

韩：是的，随性。因为我是跳跃性思维，我有时控制不住自己。比如画牛头时，那些互不相同、千奇百怪的牛头会自己不停地往外冒。画着画着就会蹦到人体造型上去，各种优美的人体又冒出来了。我知道这种时候出来的东西都是好东西，就会一直画下去，由着自己的性子。

冯：记得有一次咱们去人民大会堂开会，你一会儿就把前后左右座位上做记录的纸全敛去，画了各式各样的虎。这时你是凭着什么画的？凭着一种艺术感性的发作吗？

韩：老实说，我是一个时间的穷人。回到北京的那年我就已经五十岁了。我的青春是在劳改和坐牢中度过的。我在号子里只能用筷子在裤子上练画。现在时间真正到了我的手中，我只有不停地画。我的一位朋友知道我见纸就画，我去他家串门时，他就在我身边桌上放许多纸，我坐在那里，不经意扯过纸来就画，等从他家走出来时，一沓纸全画完了。

冯：你要把被夺去的时间夺回来吗？

韩：因为二十年不让我画，我一定把生命补回来。

冯：这又是一种理性。

韩：在这点上说，绝对是理性。

冯：我认为两个因素使你这样画画。一是命运亏欠你的太多，你要为你的艺术讨回时间的公道，这是理性的；一是你的天分，无穷的想象，跳跃性思维，爆发式的灵感，这是感性的。理性与感性合在一起造就了你。

韩：没错。我过去没有条件选择生活，我一无所有，还要为生存而奋斗，老实说我必须把画画好才能生存，你说这是不是理性？可是我从洞山出来，回到人间，见什么爱什么，见什么想画什么，我对生活极敏感，有强烈的冲动，你说这不是感性吗？

冯：你把自己说得十分清楚了。现在谈到你的画上边来。你的画是不是很重视整体感。依我看，无论是一面墙那么大的画，还是一枚小小的邮票设计，都有很强的整体性。有整体性才有气势，也有力量。你是不是把整体看做第一位的？

韩：当然，整体感是一件作品的先决条件，我绝对注意。为什么我的画很强烈，因为我是学装饰的。纯搞绘画的不行，一般绘画在几公尺外就不管它了。但装饰必须颜色强烈，形象强烈，老远就得看到它，这个最重要。毕加索也抓这个，展览会上第一个看到的就是毕加索。这也和他学非洲，搞陶器有关。

冯：你的作品也是往外跳特别打眼。这是不是还与你作品的符号性有关系。在不同人的各种不同作品中，马上就能看出这一件是韩美林的。我不想用"风格"这个概念。一般有点特点的画都可以用"风格"二字。你的作品是你的符号。

韩：符号是一种个性。还有，刚才我说了，我是学装饰的。符号是渐

构思的草稿

渐由繁至简提炼出来的。无论造型还是色彩，简练就强烈了，突出了。一个艺术家由繁到简很难，这是一种质变。如果真的变出来了，就是一种里程碑。

冯：简比繁难。但不能简了就没东西了，反而要包含得更多。可是要简，就要破坏自己原先已经很完整的东西，这就更难，因为人们难以割舍原先看上去挺好挺完美的东西。

韩：由繁到简，等于一个赌注，不一定成功，还会把自己搞得什么也不是。如同生一场大病，不知这场病是死是活，可要是病好了，肥肉下去了，就会加倍精神。

冯：你有这种体验？

韩：太有了。比如我受狂草影响，一下子把画里的一些问题解决掉，几根线就够了。当然这不是一般的线。

冯：你觉得由繁到简是不是一种升华？

韩：是一场革命啊！我给你画个人儿看，这是个跳芭蕾舞的女孩。你看就是这几笔，肌肉没有了，表情没有了，之外什么都没了。可是骨架有，小肚子有，关节有。

冯：如果你简到极致时，你最后留下什么？

韩：留的是感性的第一印象，就要这个舞蹈姿态中最美的东西，这里的骨架、小肚子、关节都是表达这种感性美的关键。

冯：可是，不是谁都会想到去"简"。齐白石想到了，所以他有"衰年变法"。变法后的齐白石进入一个更高的境界。

韩：简，这也要看本事呵。你们搞文学的，五言诗是不是最难？还有无伴奏合唱、单口相声、独角戏、独唱、独奏、独舞、评书、白描等，为什么难？

冯：没有别的东西帮忙。

韩：是呵，那就要看真本事呵。我再给你拿几个词儿举例，"简要"是什么意思？"简"就是留住"要害"；"概括"是什么意思？"括"就是让你把所有重要的东西都综合进去；"提炼"是什么意思？就是"炼"呵，炼铁成钢，炼沙成金，老君炼丹呵，中国人的词儿真厉害！所以我认为，中国的文字灭不了，中国文学就灭不了。

冯：谢谢你为中国文学说的"至理名言"呵。我们又要换个话题了。你画中的形象为什么都处于动态，静态的不多。不知我的观察对不对？

韩：对，记得你问过我，为什么画马不画蹄子？

冯：你说过，一画蹄子马就站在那儿了，不活了。

韩：对于画，纸不是重要的，形不是重要的。对于我，神是重要的，美是重要的，激情是重要的。感性站在最主要的位置。艺术和人是什么关系？艺术是升华人的文化。为什么搞艺术是一种享受呢？因为他享受人精华的东西，也享受自己。我这个人性格分明，我只看主次、黑白、是非、爱憎。我对这些东西有激情，没时间搞调和色，不喝温吞水，要不喝个冰嘴的，要不喝个烫嘴的，温吞水讨厌。做人我喜欢李清照那句诗"生当作人杰，死亦为鬼雄"。一次我在三江源那个横山县，看见民间正演秦腔的《乌江自刎》，那个演霸王的，穿着露胳肢窝的戏装，脸上抹着最差的油彩，鼻子一块脸一块，这就是霸王，他唱得起劲，冒着汗，一叫"哇呀呀"，把头发"叭叭"一拧叼在嘴上，用手向上一托，来个金鸡独立，单腿就跳进乌江了，真厉害。我激动得上去给他一千块钱，那时一千块挺值钱呢。他给我磕头呵，他一天才赚二十块。我比他更激动，因为我喜欢民间这种强烈的东西。

冯：我还想请你回到我的问题上，你画中的形象为什么都是动态的？

韩：因为我是动的、跳跃式的。这我说过了。

冯：这是不是与你生命力过于旺盛有关？

韩：不自主的吧。我控制不住自己。这你很清楚。

冯：好，还有个问题，我也是很清楚，但还得由你说——

韩：可以。

冯：在你的作品中最重要的是美感还是意义？

韩：当然是美感。美感是一种文化，是修养，是生活，也是潜在东西的一种升华。升华到一个高度。

冯：你说得很好。你的美感实际是一种精神了。

韩：美感又是悟出来的。

冯：这要靠人的天性。艺术的美感无法学也无法教，全是个人悟出来的。我们关于你艺术的感性谈了不少，还想再谈谈你画中理性的成分。你的理性是在画之前呢？还是在过程中，比如对画中内容理性的把握？比如中国的文人画在创作的过程中始终有一种理性的把握，也就是对诗性与意境的追求。

韩：应该在画之前。我的创作感性多于理性。艺术是感性的产物，不是理性的产物。当然，这个感性不是想当然，理性的东西是艺术家的底线，底线是一种理性的依据。创作时，有这个底线就够了。

冯：对于你来说，再多就是约束了。

韩：是呵。创作时是忘我的，更不会想"七法八法"的。命都放在里边了。许多歌唱家、指挥、演员不都是死在舞台上的吗，连莫里哀也是死在演出中的。

冯：有一次唱京韵大鼓的骆玉笙演出前，忽然头晕，大夫拿血压计一量，血压很高，她吃了药便上台了。后来我问她如果在台上演出时，血压高上来了怎么办？她说"不管了，死在台上也不管了"。这才是真正的艺术家。

韩：那时，谢晋给我说了一个事挺好的。他说有些老演员确实记不住太长的台词儿了，可是他知道自己演这段戏时是什么感情。比如他愤怒起来时，台词儿忘了，镜头还在拍着，怎么办？他就顺着感情大叫12345678910，把感情表达出来了，戏没有断，镜头也没有断，事后再配音，还是一场好戏。艺术就得把真实的感情充分地表达出来。

冯：咱们谈着谈着又回到感性上来，我可还要揪着你的理性不放。你所说的理性是思想上的，还是形式或技术上的？你刚才说的"七法八法"可是技术上的。

韩：最要紧的，理性是从生活经历上得到的，也包括从艺术的坎坷上得到的。理性是一根线，穿着艺术家的灵魂。艺术的形式和技术决定不了理性。我的理性是良知。良知和良心不一样。良知是理性，良心是本性。良知是三个。一是做人，把人做好，做人是理性的根本；二是生存的本领，你起码能养活自己；三是对世界有所贡献。这个良知就是我的理性，也是我的底线。我从来没有把做人和艺术分开过。

冯：你的艺术是给谁看的？大众还是小众，你追求大众认同还是小众认可？

韩：我创作时从来没有想过这些，没想到让大众高兴还是小众高兴，只要有人喜欢我就高兴。

冯：你的一些作品的尺幅都非常大。雕塑先不说，你的城市雕塑属于超大了，咱们后边再谈。我现在是指你的绘画。你画这些大画是一种博大的情感的需要吗？

韩：其实特大尺度的画都是一种"任务"。一些重要的场所特别是国家殿堂来邀请画的，这些地方很大，墙面特大，要求的画面也就很大。威尼斯的一个大厅十一米，要求画一幅十一米的画。国博二十五米，我画了一幅二十二米的画。

冯：古今中外都如此吧。米开朗基罗给梵蒂冈西斯廷画的《最后的审判》和天顶画，达·芬奇给米兰圣玛丽亚感恩修道院画的壁画《最后的晚餐》等也都非常大，都是这种"任务"画。吴道子给长安和洛阳两地的寺庙也画了许多大壁画。这种大画一般画家很难胜任。

韩：我在人民大会堂画的马，单是马头就一米一，马屁股一米五，你知道那笔有多大？笔里的墨水多少斤重？手不够快墨水就全下来了。更重要的是你的激情得足够。它和油画不一样，油画可以用小笔，彩墨的笔比拖把还大，没有功力，没有足够的激情，画不下来。

冯：你个人在画室里画的画多大？

韩：除非办画展，要用几张大的，平时顶多四尺六尺，过瘾就行。

冯：你画大画的激情是从哪儿来的？比如画马，是对奔马的狂想吗？

韩：单是那个还不够，人间的不平事、肮脏事、卑鄙事、叫你愤怒的事和人渣全糅进来了，那才带劲呢！

冯：原来你人生那些东西是这么带到画里去的，我更理解你的画了。

韩：你以为我把那些人渣一个个画出来，才是"深刻地反映生活"吗？

如果我真那么画，恐怕就不是艺术了。

冯：你这么激情挥洒，注意细节吗？

韩：刚才我给你画那个跳芭蕾舞的女孩时，不是已经说得很清楚了？细节是最关键的地方。

冯：戏有戏眼，诗有诗眼，比如"春风又绿江南岸"中，"绿"字就是诗眼。画有画眼吗？

韩：绝对有，没有的话，一幅画就平庸了。画眼正是在细节上。

冯：在你这种大写意的画中，它是偶然出现的吧。

韩：偶然后边是积累。没有积累就没有火花。

冯：说白了，你这火花不是设计出来的，不是等来的，是它自己跳出来的。进一步说，它不是平白无故地跳出来的，必须有厚实的积累与修养。

韩：你把这个问题总结得明明白白了。

冯：好，再说另一个话题，在你的艺术世界里有那么多种形象，你认为哪种形象对你是重要的？

韩：这些形象对于我都是需要的，我由着性情，当时哪个形象符合我的情感需要，我就把它画上去。

冯：那就是说你画过的形象，对你同等重要？

韩：对，同等重要。

冯：不管那个形象画得多一些或少一些？

《猫头鹰》

韩：无所谓。我都爱他们。我不画我不爱的。

冯：我们再谈一个具体的形象——佛。他是你作品中重要的题材之一。他在你的心中究竟有什么特殊的意义？他是你信仰的偶像吗？

韩：人是应该有信仰的，不管你是不是宗教徒。佛在我心里就是善。善待一切。善待一切包括大自然，包括最小的生命——蚂蚁。它也不容易呵。生活在这地球上的一切，不管是哪个公民，大的小的，老的少的，都不容易。我们要站在这"佛"的高度从上往下看，一直看到小小的蚂蚁。

冯：说到蚂蚁，我想起我童年的一个记忆。我家对门是一座工人疗养院，有一位看门的孙大爷，很和善，我挺喜欢他。可是有一天见他站在那里，用脚在地上使劲搓，不知他在做什么，过去一看，原来蚂蚁打架，聚了很多蚂蚁。他呢？用鞋底搓这些蚂蚁，一片片碾死它们，于是地上黑乎乎一片，大量的死蚂蚁像战场上成片的尸体。这情景叫我很难受很恶心，从此不再喜欢他了。

韩：太恶心了。艺术要做的正是相反的事。

冯：在你的作品里，雕塑里、绘画里，常有佛的形象。你在书法中也常写一些佛家的话。记得二十世纪八十年代，你还想为许多失去佛首的佛身，重新雕好佛头装上去，你不是佛教徒，你做这些事是因为你把佛视做一种善、一种博爱、一种悲悯的偶像吗？

韩：肯定的。佛教虽然是从印度、尼泊尔那边传过来的，并一直影响到朝鲜与日本，但真正发展是在中国。中国艺术的三大载体——宫廷与精英艺术、佛教艺术和民族民间艺术。就这三大块，别的你找不出来。佛教教育我们要善要忍，是不是？所以我画佛。

冯：在你的艺术中，精神大于思想，更重精神，这是对的。我们现在已经把思想作为说教了。真正的思想极致是精神。从这一点上，我还需要补充一个问题，你重视作品的社会意义和社会价值吗？

韩：这个……我还真没想过。我在艺术中是一种享受。苦也受了，苦功夫也下了，长征完了，红军战士该吃一顿红烧肉了。

冯：你喜欢在享受的状态中创作吗？我发现你画室里经常有音乐。

韩：我喜欢古典音乐，莫扎特、肖邦、德沃夏克、舒曼、贝多芬太多了，也听美国乡村音乐，也特别喜欢民乐民歌。我边画边听，高兴时自己还唱起来。有了音乐，每一条线都是享受。有时唱片停了，不换唱片时，脑瓜就给自己配上乐了。

冯：你更喜欢在"胸有成竹"还是在"胸无成竹"状态下画画？

韩：胸无成竹。

冯：那是一种什么状态，心情很快活的时候吗？

韩：不，喜怒哀乐都能激起我的创作。

冯：如果遇到不高兴的事情也能画画吗？

韩：说不定画得更有劲儿呢。告诉你，我的动力可不是甜，不是鲜花美女掌声，往往是"羞辱"二字。"羞"是自己做了害臊的事，"辱"

是别人给我的侮辱。我可不是要复仇。我讲过"给我一块铁，我也能把它化为动力"，因为我追求人品画品这种东西。做大人，不做小人。

冯：你的艺术的精神真的很纯粹。我喜欢。

冯：我们已经将你艺术世界核心的精神性的部分谈得比较充分了。现在再聊聊一些细节的问题。这些细节，人们也会感兴趣。比方，你对书画的材料与工具敏感吗？要求很高吗？

韩：我对材料不讲究，适应性比较强，这恐怕与我的经历有关，我的刷水画不就是在没有宣纸的情况下发明的吗？我喜欢尝试新材料。

冯：如果遇到从来没用过的工具或材料，你会怵头吗？

韩：不会，我反而有兴趣试试，说不定会出现什么焕然一新的效果。

冯：一种新的审美情趣。看来你的审美是十分开放的。

韩：我还自制各种毛笔和材料呢！你看这几支新笔，狗毛的。我跟造纸厂，还有一个日本的造纸厂的关系非常好，他们帮我改造纸；颜色就更甭讲了，我与上海美术颜料厂合作……

冯：新的工具和材料往往带来新的刺激，出现一种新的审美效果，唤出一种新的审美语言。可是有的书画家不行，到外地去还要带上自己用惯了的毛笔。这样他的"艺术语言"肯定是一个"字"也不会改变的，他的画也一定总是那一种风格了。有的人一生画一样的画，总那个题材，那几个形象。自己把自己套路化了。

韩：这一点我尊重吴冠中，他的画不重复。

冯：有一次吴先生问我，你画画重复吗？我说我是写作出身，写作不能重复，如果重复就是自己抄袭自己了。吴冠中先生说，"我从来不重复，我不知道怎么重复，为什么要重复呢？重复画会毫无感觉。"

韩：我从来没重复过。

冯：当然了，因为你的每个形象都是自己心里跳出来的。你画每一匹马时，后边总有一千匹马等着。

韩：一匹画好，另一匹就会蹦上来。

冯：你作品的数量巨大，还和你创作的速度有关。我想过，你为什么如此快速？一方面可能与你追求简练有关，你现在已经简到了极致，能不要的东西全不要了，你说过，只留下"神"和"美"。这就使你作画的速度快了。还有，你的激情使你行笔的速度飞快。我这样的分析你同意吗？

韩：我的记忆力好，联想力强，再加上平时对自己的"魔鬼训练"，还有长久以来的积累和储备太大了。我感觉我现在已经不是鸟"下蛋"，而是像鱼"甩子"。当鱼肚子都是鱼子时，一碰它就甩出好多。说到积累，就像云彩，积累了大量的阴电阳电和水，积累得愈多，

1979年中国美术馆画展

雨下得就愈大愈多愈急。我有时感觉自己像狂风暴雨。

冯：你的自我感觉这样好，我很震惊。你现在还有一些空间，一些领域让你好奇，想涉足，想进去试一试吗？

韩：马上就干了，油画。

冯：有感觉了吗？

韩：很强烈的、新鲜的感觉。

冯：有想法了吗？与以往油画完全不同的东西？

韩：有，我积累了很多年，想了许多年，干别的时候也想着这个。我一直憋着这个。

冯：实际上你的天书也积累了许多年，对吗？

韩：现在才下雨。

冯：你有没有过苦闷期？自我怀疑或自我否定。最近我看过高更写自南太平洋塔希提岛的一封信。信上说他很苦恼，健康极糟，更糟的是他以为自己江郎才尽，走到绝路上了。几乎每个艺术家都会有类似的时期，感觉自己枯竭了。特别是在把一种方法用尽之后，自己对自己产生审美疲劳了，就会误以为自己到了尽头，可是未必是尽头，可能正孕育着另一种新的开始。这就像马拉松赛中的"假疲劳期"。

韩：我有过几次。但我没有干涸的感觉，我肚子里还有水。我是想我不能老这样画下去，我要找新的天地。这时我就要下去，我的方式就是"大篷车",到下边去找新的感觉。

冯:真正能给艺术家灵感的还是活生生的生活。生命性的东西,无论是民间生命、历史生命,还是大自然生命;这生命是有情感的,可以交流,可以焕发。关于大篷车,我们后边还要谈。你怎么度过这种苦闷期呢?

韩:我不会在苦闷里陷得太深,因为我一直在不断地否定自己。我不是总说,我真正的黄金时代还没到来吗?我快八十了,现在可以告诉你,差不多来了。因为现在是形象自己跑来找我,不是我找它们。现在我提起笔就画,胸无成竹,而且运用自如。我也应该到这个时候了。积累了一生,准备了一生,也历练了一生了。

冯:你创作的最佳状态有周期性吗?有人有周期性,有人的周期性还与大自然的季节有关。普希金每到秋天就诗兴大发。

韩:有,我是春天和秋天。一个是春天,一个是丰收的季节——秋天。另外一个——潮湿天,对我也是。

冯:我的写作期是在夏天。我一手擎着火热的夏天,一手奋笔疾书,特别有感觉。我是一种苦命的写作和写作的苦命。

韩:其实一年四季我都没断了画,但不是旺盛期,不知为什么,秋天和春天我就特别来劲儿,尤其是秋天。

冯:你画画时,怕不怕有人站在身边?

韩:不怕。只怕我不喜欢的人站在身边。

冯：你数十年中，有没有重要的转折期或者重要的阶段性变化？

韩：我对你说过，贺兰山岩画对我有转折意义。

冯：关于贺兰山岩画，我要在"银川韩美林艺术馆"的话题中与你再谈。这次我先替你"回答"吧。当然，我"回答"不算数，最后还得你来认可。从我的角度看，天书是你一个重要的转折。虽然天书属于你的书法范畴，但又决不在传统书法里。它是你的一个独创。

韩：是的。

冯：我接着说，此前你的书法受汉简和颜真卿的影响，虽然具有你鲜明的个性，可是没有脱开传统书法这条线。可是二十世纪以来你的书法有了突变。首先，你研究已久的草书——特别是狂草冒出来了。你的草书既有你传统的书法功力，又有抽象的画意，重要的是狂草适合你的性情，你从中获得了挥洒与放达的快感。从审美上，你很自然地将这种狂草的笔墨与充满画意的远古文字融为一体，于是你的天书"由天而降"。到了国博那次大展上，你的天书获得广泛赞赏和艺术上的认可。天书从此堂而皇之地进入你韩美林艺术的世界。

韩：你说得太对了。

冯：反过来，你这个天书又一下子使你的绘画与原先完全不一样了。它使你的绘画更简约、更自如、更具意象性和形式感。对吗？

1980年赴美国巡展

下卷
天堂

韩：太棒了。原先我想说这事，你已经观察出来了。

冯：我在艺术上观察你，也在理论上观察你。你对理论有兴趣吗？

韩：没兴趣。因为它是每个人的实践经验，一个人一个经验，各人各路，不能替代，参考可以，拿来不成。

冯：艺术家的理论有两种，一种比较系统，比如罗丹的《艺术论》、现代艺术家中的康定斯基、达利和马列维奇，中国古人中郭熙的《林泉高致集》和石涛的《苦瓜和尚画语录》等，艺术家的理论和评论家的理论不一样，它是艺术家各自的理论思考与总结，以及规律性的探讨。此外，艺术家还有一种理论是言论性的随笔与杂谈，比如郑板桥，比如齐白石，比如你的《闲言碎语》，再比如日本东山魁夷的《东山魁夷：铃木进对话录》，都是有感而发，中间有闪光的真知灼见，也有悟性，这是画外的一种思想睿智，我挺爱看。

韩：我爱看《砚边点滴》。

冯：钱松嵒先生的吧。《郑板桥集》也有不少这样的画谈，比如他那个"胸中之竹、手中之竹和眼中之竹"就挺绝。

韩：我也喜欢。还有"画到生时是熟时"，多深刻！

冯：下边只剩下三个问题了。第一，你为什么现在总说"我还没开始"呢？

韩：我虽然快八十岁了，我觉得自己像小孩，总会在什么问题上开窍。顿悟一个接着一个。佛教不是讲"无我"吗？我渐渐往那儿去了，无法、无行、无来、无往、无色、无界,一切无所谓了。这倒挺自由的。可是我感觉自己的艺术还会有"井喷"呢,是不是活了一辈子不能白活,还得结些果子,所以我总说"我还没开始呢"。

冯:第二,哪些画是你的代表作?

韩:我这辈子没见过选票,我也不选自己了,谁要是喜欢我哪件作品,那作品就代表我。

冯:第三,最激发你创作的是什么?是快乐、压力、挑战、自尊,还是爱情?

韩:都有吧。反正还有《国际歌》里那句歌词"从来没有救世主,全靠自己救自己"。

第二章 三原色
远古・民间・现代

冯：今天我想了解你艺术的基本构成。你的艺术太独特，而且独来独往。我想知道你的艺术究竟由哪些基本的元素构成的？使我感到好奇的是你的艺术中找不到别人的影子。从文艺复兴、古典主义、巴洛克、印象派等等，好像都与你没有任何关系。在中国绘画史里边也找不到你的出处。艺术史一切既定的形态都与你不沾边。你有意排斥它们吗？

韩：这么说吧，你看西方教堂里的那些名画——18、17、16世纪的——那些形象，现在看起来很呆板。这说明时代进步了，现在的写实能力超越它们了。你当然不能否定这些艺术在那个时代是伟大的，但第一个敢吃螃蟹的，不一定螃蟹做得最好。我们不能总站在历史里边。艺术家的职业是个性的职业。它必须是独立的。其实这些艺术史上的东西我都学过了，但我决不能只当学生不出师。

冯：看来你的独立意识极强。一个艺术家面对艺术史必须有这种独立意识，不能叫艺术史吓趴下了。李可染先生说"以最大的功力打进去，以最大的勇气打出来"。这句话非常好。可是往往真正打进去后就很难打出来了。

韩：甩不掉了。的确是相互矛盾的。

冯：黄胄先生有一次对我说他的书法"只看帖，不临帖"。他这个说法极有见地。如果临帖临到乱真地步，那就无法脱身了。所以黄胄先生说"看帖"，就是只去"神会"古人，却决不叫古人捆住手脚，做古人的俘虏。

韩：艺术家在学习遗产时，不能忘掉自己，要保持自己的尊严与个性。还要不断尝试属于自己的形式。

冯：把语言学好，然后说自己的心里话。你好像也很少从中国文人画那里拿东西。

韩：文人画是从宋朝开始的，苏东坡倡导的。在当时是一场革命。甩开院体画的羁绊，画家自由得多了，还可以把诗放进去。这是艺术史的进步。可是由于后人由尊古变为崇古，进一步又效古成风，文人画反而成为一种阻碍了。

冯：陈陈相因是中国画非常大的问题。曾经一位俄罗斯朋友问我：为什么你们的中国画看上去全都很相似呢？这个问题把中国画的问题问到根上了。现在回到你的身上，你既没有陷进西方艺术史各种既定的形态里，也没有落入我们自己艺术史僵化了的窠臼里。那么你艺术的源头呢？我长期观察你，研究你，认为你的源头是

观摩岩画

两个，先说第一个——远古。你同意吗？

韩：是的。远古的艺术。

冯：你是否认为远古的艺术是自由的，随心所欲的，不定型的，到了今天看，还是活的，不像那些既定的美术史形态全是死的，定型的，所以你把远古艺术当做自己艺术的源头活水了？

韩：你说的很中肯。那些美术史上的经典，后来就像一个个箍。有人以为是金科玉律，是规范，我看是一条死路。我从上学时就一直憋在里边，我要把学院派这套东西甩掉，我要从那里出来喘一口粗气。后来我终于在远古艺术那里找到了。

冯：你是出于一种对艺术道路的探求，还是一碰上它就被迷住了？

韩：先是被迷住了。感性对艺术最重要。

冯：如果你喜欢的东西在里面，那里边就一定有你自己。这是你的天性决定的。远古的原始的艺术里那种真率、单纯、粗犷、豪迈与直接，与你的天性一拍即合。这也是许多艺术家虽然也喜欢远古的东西，但与他们本人的艺术无关的缘故。你说"感性对艺术最重要"——这句话本身也最重要。天性是艺术家的决定因素。这样，远古艺术很自然地成了你艺术的基因之一。从这里，我想请教你，世界许多地方都有远古时代，因此也有远古艺术，你对它们做过研究吗？是不是彼此有些相似？

韩：在远古时代，各地方的远古艺术彼此很相似，后来就没有这种相

相关岩画的画作（一）

似了。

冯：文化愈深，相差愈大。可是在远古时代，各地方相距遥远，互不相通，不可能有交流，但在艺术上却惊人地相像。比如陶罐，中国、西亚、古罗马、北非，看上去很相像；再比如手印岩画，万年以前世界很多地方都有。这是为什么？

韩：不只世界是这样，在咱们国内也是这样。比如中国各地古文字，河南、广东、东北，彼此相隔千里，隔着山隔着水，无法沟通，毫无关系，可是那古文字中的马字呵、虎字呵、狗字呵、猪字呵，为什么都是竖着的，不是趴着的？为什么都一样，我一直不解。

冯：这是人类的共通性吧。那么，你从国外的远古艺术中拿东西吗？

韩：拿过。但拿来决不是替代。不同国家与地区自然环境不一样，文化不同，艺术手法与材料不同，形式也有区别。拿来不是为了替代，这是我的态度。

冯：你注重这些不同，说明你注重艺术的民族性。你自觉地把自己的脚立在民族文化的源头里。看来，你对远古艺术还有理性的一面。既有感性的一面，也有理性的一面。感性源自你的天性，理性来自你对自己艺术民族性的立场。

韩："理性做学问，感性悟艺术"我就这十个字，对远古这个东西要用理性研究它，做好这学问，但是对艺术是要用感悟把它悟出来。

冯：你这句话说得好。

韩：艺术家靠的就是悟性。艺术是悟出来的。

冯：你认为中国远古艺术中哪些东西是中国元素？

韩：中国元素是渐渐形成和不断发展的。每个时代都有变化，也有局限性。历史越长，积淀越厚，艺术家认识越深。可是在过程中，每个时代都有局限性，王羲之、怀素也没见过金文呵，毛公鼎在道光年间才出土的。

冯：甲骨文也是1899年才发现的。

韩：所以说，中国元素也是动态的。远古时代东西方艺术各有长短，没有固定的元素可言。我认为各有一些特点和亮点——在那个时代这些特点和亮点，就是元素。

冯：这些特点和亮点是你要抓住的吗？

韩：当然。没有特点，这个艺术也就没了。

冯：在远古艺术中，非常重要的一点，是文字性的符号与图形。它们可能是最具民族特点的。

韩：在我的"天书"中，已经表明我对这些图形和符号的关注了。

冯：关于天书，我已列为专题，后边再与你谈。现在延伸一个话题，你认为远古艺术与现代艺术有哪些共同的东西？我这个问题基于两点。一点是你的艺术是现代艺术，有强烈的现代感与现代性，它能与远古艺术融合得这么好，其中一定有道理。另一点是世界上当代的艺术大师们，都把自己的源头伸向远古艺术或原始文明，

相关岩画的画作（二）

下卷
天　堂

我也想从你身上找到缘故。

韩：随意性。远古艺术有随意性。

冯：属于人本的生命原发的随意性吗？

韩：正是。人类的艺术只有开始时有这种东西，后来就没有了。到了精英文化那里，这种东西就没有了。

冯：除去这种生命原发的随意性，还有什么原因使远古艺术自然而然地融入你的艺术世界？

韩：非商业化。

冯：你是说原始时代的艺术是一种纯粹的精神追求？

韩：是，没有商品钳制。

冯：除了远古，历史上还有哪个时代——比如上古和中古的艺术——你有兴趣？对你产生过影响？

韩：汉代以前都应该算上。

冯：这我看到了。汉简、战国的铜器、画像石都对你有影响。你从这些艺术中不仅吸取了造型、图形、纹样，更重要的是大气，还有浪漫。汉代的艺术还是浪漫的，到了唐代就开始写实和具象了。宋代以后好像与你就关系不大了。

韩：宋以后走向媚俗，不可取了。

冯：宋代文化的特点是走向市井化了，这与宋代城市高速发展有关。你的艺术与这些东西说不上话。依我看，只有瓷器的造型，比如你那种底足很小的碗与宋代有些关系。因为瓷器始于宋代。不知这看法你是否同意？反正明清的文化与艺术在你的世界里就找不到一点关联了。

韩：可以这么说。

冯：你已经把你的一个源头——远古艺术说得很明白了。包括它在你的艺术世界里的位置和意义，远古艺术的本质，你看重它什么，还有远古艺术与现代艺术的关系等等。现在我们再谈一谈你艺术的另一个源头——民间了。你承认民间艺术是你艺术的另一个源头吗？

韩：绝对。我说过我是陕北老奶奶的接班人。

冯：自古以来，中国的精英文人是鄙视民间文化的。乡村音乐戏曲被斥为俚俗之曲，民间绘画不能登大雅之堂。中国那么多精美绝伦的壁画包括敦煌壁画，基本上不知是谁画的，因为画工不能在画面上署名。所以我国绘画史上画家千千万万，几乎没有一位画家与民间艺术结缘，都拒民间艺术门门外。但是，现当代出了两位画家，明显与民间艺术有了关系。一位是民间画工出身的齐白石，笔下时有民间情味，最终却登上文人殿堂，而齐白石的价值之一就是他的民间性；再一位就是你韩美林，出身于中央工艺美术高等学府，血管里却流淌着民间血液，高扬着民间艺术的光彩与精神。甚至在造型、题材、用笔、色彩，乃至材料上都直接取自民间。

中国历史上从来没有一个精英画家对民间艺术热爱到如此地步。

韩：我血管里流着的都是民间的血。

冯：你这句话，已经把你与民间的精神情感的关系问题表达得非常清楚了。这很重要。咱们进一步谈谈艺术本质方面的问题，也就是精英文化与民间文化在本质上的区别。这十多年我在做民间文化抢救，这工作迫使我必须思考清楚民间文化的本质和独特的价值，也就是它与精英文化本质上的区别。我认为，精英文化是个人创造的，它以个人和作品的成就体现着时代文化的高度；民间文化不是，它是民间集体创造和集体认同的，主要代表某一个地域的气质、特征与精神，表现着民族文化的多样性。精英艺术是理性化的、自觉的文化创造，民间艺术是非理性的、自发的生活创造，它最直接地表现人民的精神理想与生活情感。所以说，这两种文化各有各自存在的意义，互相不能代替，没有谁高谁低的问题。

韩：去看看霍去病墓前那几件石雕，哪件不比毕加索伟大？

冯：在你看来，民间艺术造型的基本规律是什么？

韩：它们的作品即使有传承的程式的约束、工艺流程的约束、材料的约束、用途的约束，但真的干起来时也是由着性子。

冯：当他们完全依照从祖先的程式来制作时，就会显得呆板；当他们"由着性子干时"往往就会出彩。有一次我在内蒙古和林格尔草原探访一位剪纸的女人，她拿一把乌鸦似的大铁剪子，用一张红纸给

染织作品

下卷
天 堂

我剪了一只狐狸。她边剪边说"这是只母狐狸",剪到眼睛时,她笑着说"它骚着呢",这时她手下的狐狸的眼就弯成一个细细的月牙形的洞,真有她说的那种"骚"劲。叫人震惊的是,这剪影般的狐狸身上,只有这个眼睛是剪出来的洞。这种简练和传神令人震惊。具有这种本事的人在民间到处都有。

韩:他们就是没名,也卖不出价钱来。所以说真正的艺术表现在价值上,不是在价格上。

冯:你是否喜欢民间艺术的情感化?

韩:民间艺术中最要紧的,就是动情。一动情就厉害。不动情,喝油都不长肉,动了情——神仙也挡不住人想人。

冯:真正的民间艺术——不是旅游景区那些民俗民艺表演。民间艺术是人们自己的感情需要。它像远古艺术一样,也是来自生命本身的原发的艺术。

韩:农民是苦的,干活又累,条件恶劣。他们碰到高兴事,大红大绿,又唱又跳,板凳拐杖一起上。这是一种活着的感情,也是活着的艺术。

冯:你说到民间艺术的本质。非遗的理论叫做"活态的文化"。关键是,你对这种活着的艺术有感情,不是把它作为一种形式,一种乡土的美和艺术对象。你当做一种感情。因此,你常常被它感动。你从民间艺术里得到的超越了艺术本身。

与民间艺人研究染织图案

下卷
天堂

木雕椅子

韩：有一次你问我都从哪些民间艺术里拿到东西。告诉你，我对民间的一切都好奇，都学，都从里边拿到东西，刻的、雕的、画的、印的、染的、织的、编的、挖的、剪的，还有布的、纸的、草的、泥的、石头的、木头的，等等等等；还有其他兄弟艺术，民间的戏曲、舞蹈、锣鼓、民歌、民俗、节日，我喜欢跟他们一起跳、一起唱、一起捏、一起剪、一起讲故事、一起笑、一起抹泪，我从他们身上拿来最多的东西还是做人。

冯：你这句话说得真好。这东西是魂儿。

韩：过去学戏，也讲先学做人。

冯：你喜欢哪个地域的民间艺术？

韩：为什么问我这个问题？

冯：中国地域多样、自然不同、风物各异、文化多元，民间艺术的差别很大。我们这些年梳理出来的各类民间文化与艺术，达到一万多项。同样是年画，但全国各地大大小小产地四五十个，各地风格题材差别很大。有的粗犷，有的细腻，有的浑朴，都不一样。从大的方面说，黄河流域与长江流域的民间文化大相径庭，你偏好哪个？

韩：我更喜欢黄河流域的。

冯：这是不是与你出生于山东有关？不过它流经山东、山西、河南、陕西、四川、宁夏、甘肃、青海……这些省的民间文化都是浑厚

我们都是一家人

质朴、粗犷大气，确实了不得，与长江流域迥然不同。

韩：长江流域有的地方过细了，有点做作，有的地方很幽美，另一种气质。

冯：现在，再往更具体的层面了解你一下。问题还是民间艺术，比如色彩。你为什么比较喜欢玫瑰红、翠绿、黄和紫这些原色、对比色。为什么较少用复合色？是不是民间艺术使用的基本都是原色和对比色，民间基本不用复合色？

韩：原色和对比色最难处理。绘画最难动的就是对比色。

冯：因为它太简单了，原色不过几种，如果不能表达足够的东西，画面就显得简单没什么了。可是民间很厉害，"红配绿，一块肉；黄配紫，不会死"，这就够了。

韩：很多画家是学洋画的，学灰调子太多了，看不起民间的东西，但真给他这几种颜色，他不知怎么抹。可能他不知道颜色在民间是直接用来表达感情的。

冯：这是一种文化。要明白还得要进入这种文化和具有这种文化的情感。好，又要回到你身上了。你的艺术是现代艺术，可你的艺术居然这么"明目张胆"地使用民间的东西。你认为现代艺术可以很自然地与民间艺术融为一体吗？

韩：咱们前边都已经谈过了。

冯：对不起。你是站在现代立场上吸收民间元素的，还是站在民间立场上把它当代化的？

韩：两者是互补的。但我是从民族民间立场出发的，我的立场不会动摇。

冯：我们已经充分谈过你的艺术的两个源头——远古与民间了；但你不是僵硬地将远古与民间的艺术形态搬进你的世界，而是将你的艺术生命与这两个文化源头活生生地融汇起来，然后创造出你自己来。我前边说了，你的艺术是现代艺术，有鲜明的现代精神。因此我将你的艺术总结为是由三种元素构成的，就是：远古·民间·现代。我把它们称做你的艺术的"三原色"。不管你的艺术多么色彩缤纷，都是从这三原色——红、黄、蓝变出来的。你同意我这种分析和总结吗？

韩：很对。它们叫我糅起来了，糅在一起了，到时候，谁该上场谁上场。

冯：民间上场时，也有远古的厚重和鲜明的现代感；现代上场时，同时带着民间的气质和远古的底蕴，所以你的现代的艺术是民族民间的，是中国的。

韩：反正谁的戏谁上场，挺好玩。

冯：说到现代，话题就多了。你认为审美的现代性有没有东西方之分？现在好像没人关心这个问题。

韩：当然有。一个是应该分开，一个本来就是分开的。

创作中

下卷
天堂

冯：为什么？

韩：我举个例子，从运笔的方法上说，西方是横着往外抹，比如油画。东方不是，东方是竖着握笔提气，不管书法还是绘画，都是提气。

冯：这是你说的"本来分开的"，中西艺术的不同就本质来说还有很多。我关心的是你所说的"应该分开的"。因为现在很少有人关心"分开"，就是东方应有自己的不同于西方的现代艺术，好像艺术的现代审美是西方的专利。不论在自觉还是不自觉上，甚至在潜意识上都在追求西方的审美认同。我认为这是中国现代艺术面临的最根本的问题，如果不去挑战，就进了死胡同，最后死在里边。这个问题你解决了，但很多艺术家并没有解决。我感觉我们的现代艺术——叫当代艺术也行——有一种被殖民的感觉。

韩：这个确实是。从1840年鸦片战争开始，中国的气焰就很快地下滑，五四运动又打倒一切、怀疑一切。

冯：而且把反传统和反封建搅在一起。

韩：实际上是一场看不见的文化战争。五四是一把双刃剑，有利也有弊，任何事物都难以避免它的双面性。

冯：自己的传统还没弄清楚就把它赶到一边去。没想到这个苦果今天才尝到，但扔也扔不掉了，扔了就没东西了。

韩：你说的这个"被殖民"一直延续至今天，到现在，央视的"大裤衩"不是吗？798不是吗？宋庄不是吗？哪里还有中国的东西？

与民间艺人研究工艺

下卷
天堂

冯：有的也是被恶搞的。

韩：这种"当代"的东西不过是皇帝的新衣，皇帝的新衣才有市场，这个市场便不懂装懂，好在哪里根本不知道，自己骗自己。这种"审美"当然不是自己的了。

冯：因此也没有受众。"当代艺术"与当代脱节，这恐怕是"当代艺术"前途的最大危机。可是现在仍然没有人回到原点来想，审美的现代性是不是应有东西方之分？换句话说，有没有一种全球性的审美？它是全球化的结果吗？

韩：不应该有。艺术强调个性，强调独立性，强调民族性，它不是商品，不能走全球化和国际化的道路，也没有这种路，只有这种荒谬的口号。艺术全球化是一种艺术的变态。

冯：你把这个问题讲得很透彻了。我还想知道，你对哪些现代西方的艺术家感兴趣，比如米罗、达利、康定斯基、毕加索、亨利·摩尔、蒙德里安等，他们在你眼里是不同国度的艺术家吗？

韩：这些画家咱们以前全聊过。他们在那个历史时期开创过自己独特的形式，艺术史就要肯定他。我曾在美国与一位博物馆馆长谈过杜尚的《泉》，就是那个把一个小便池签了名放在美术展览上而出了大名的艺术家。到今天《泉》仍然摆在博物馆里。

冯：一次我在巴黎的蓬皮杜现代艺术博物馆里也看到了，是蓬皮杜借展的。

钧瓷《山花烂漫》

韩：这位博物馆馆长说，我们放在这里，并不是捧他，也不说他好和不好，只是因为它是历史，有研究意义。我认为，艺术家要相互尊重。我们要尊重历史上每一位重要的艺术家，还要区别他。

冯：我赞成你的"区别"二字。科学上可以超越，艺术上只能区别。你和所有艺术家都不一样了，你的价值就出来了。

韩：就是。

冯：你没有受到俄罗斯艺术的影响吧！你那一代都是深受过俄罗斯艺术的影响的。再说你上学时，素描学习的是契斯恰科夫体系，又正赶上盖拉西莫夫和马克西莫夫都在中央美院任教。你怎么没有受他们的影响？

韩：不，受过他们的影响，但不是表面模仿他们。我在基本功上恰恰深受他们的影响。你看我画得很结实，这不可否认有他们的东西。我感谢俄罗斯艺术家对我的影响，比如苏里柯夫、列宾等。

冯：你已经具备了自己的实践体系，你有建立自己的艺术理论的想法吗？

韩：艺术家只有下蛋，没有义务研究蛋里边的成分和成因，这要由别人去研究。

冯：你的终极目标是一种什么样的艺术？

韩：还是我那句话——前面是未知数！

第三章

四兄弟

绘画・天书・雕塑・设计

一、绘　画

冯：今天咱们的话题直奔着你的"王国"了——就是谈谈你艺术的本身了。我把你的"王国"或称"世界"分为四个方面，绘画、天书、雕塑和设计。你认同了我这个分法，还称它们为一母同胞、相互影响的"四兄弟"。现在咱们将你的"四兄弟"一个个谈一谈，首先谈绘画，你的绘画种类多，最常画的是哪几种？

韩：国画、麦克笔画、硬笔书法那种笔画的画。还有二十世纪七十年代的刷水画和钢笔画，那是从监狱出来没有作画工具时自己发明的，现在很少画了，偶尔才会画。

冯：你称自己的画是国画还是彩墨画？

韩：国画，因为这种画能够代表中国，甚至代表东方，而且一开始就与文字、与书法连在一起。毛笔的出现，最初不是为了画，而是为了写。

冯：所以，中国画——特别是写意画，在题款时不是题某某人画，是题某某写。

作画

下卷
天堂

韩：东西方绘画是两种不同文化。前边咱们说过，西方人执笔叫做拿笔，没有太多的内涵，中国人执笔叫做提笔，提就要提气。中国文人又把书法与养神、养气、气功联系起来，西方人没有这些。

冯：你讲究这些东西吗？

韩：气是有的，没有气就画不了那种一米多的大马头。一匹大马一头大牛需要一口气画下来，西方没有这种画。但在工具上，我认为它是为我服务的。对于艺术家来说，工具材料从来不是最重要的，形象是最重要的。只要形象出来就行，不管用什么工具，也不管用什么方法。

冯：我同意这种说法。毕加索用一个自行车的车把和车鞍就完成了他的《牛头》。再比如克里姆特，可能受东方人的镶嵌和古罗马的马赛克的启发，连玻璃和金箔都用到画布上了。看来你也是"形象第一"的。你很注重形象的形体和神态，重视形象的表情吗？

韩：我重点抓神态和形态，所以我没有重样的。至于表情，我另外处理，我单搞表情。首先是写生，有时我专门去对各种神情与表情写生，比如在海外，我会把旅店里的小记事本全揣在衣兜里，只要有机会，我就掏出小本子把各种有特色的面孔和神气记下来。我的写生一直没有间断过，揣摩各种表情与神情也是我"魔鬼训练"中的一项重要内容，到了下笔作画时就用上了。

冯：依我看，你现在好像愈来愈不重视形象的生理结构了，更看重笔

《马》

下卷
天堂

墨与色彩的结构。你的大写意愈来愈简练，甚至抽象，我认为你在升华自己。你同意我这看法吗？

韩：你说得对。这个升华，就是提炼，是最难的。你说我愈来愈不重视生理结构，实际上这个生理结构我早背过了，太熟了，这是我的基本功。不管我怎么画，最要紧的部位也不会丢掉。哪怕只剩下一条线，也不会丢掉那些最要紧的。你看看这根线里边这些骨头和肉，全都有。

冯：背下来就可以随心所欲了？

韩：对。

冯：你追求什么？

韩：形象解决了，没问题了，就是笔墨的美。

冯：笔墨是一种形式感的东西吗？

韩：笔墨的形式感是一种形式美，它是一种修养。可是，它还是一种语言，要处理好形象，表现出形象的"神"。如果表现不出形象的神，再好的笔墨也很难成立。

冯：笔墨不能孤立存在——这说明你的画不是抽象绘画。

韩：齐白石不是讲"神似"吗，李可染不是说"所要者魂"嘛。形式美还得服从形象的神、形象的魂。比如四个小天鹅跳舞，其中一个咬着嘴唇，单看挺美，有性格，可是不行，四个天鹅必须表情一致，一起微笑；单单你一个咬着嘴唇不行，必须改掉。就是这

为人民大会堂创作《苍鹰》时的情景

个道理。有时你笔下出来一些特别神奇的效果，可是为了形象整体的美，还得把它盖住或抹掉。

冯：你怎么看大写意画中的偶然性？偶然的效果？

韩：艺术没有侥幸。有些效果看似偶然，实际上是在很多年功夫基础上很自然出现的，绝非碰巧，没有手头功夫就出不来那东西。

冯：你是说偶然也是一种必然？

韩：偶然是长期积累中出现的一些火花。

冯：我对你的画另一个感兴趣的是色彩，也就是墨与色彩的关系。你的画首先是墨，墨在你的画中唱主角，是你画的骨架。墨也是中国画特有的颜色。你的画主要靠墨。再一个是色彩。你的色彩非常独特，你很少用传统绘画的色彩方法，如金碧、浅绛等。你的色彩主要来自民间美术。民间美术基本采用原色，而且这些原色只有几种，极其浓艳，如玫瑰红、翠绿、湖蓝、鲜黄等。我不明白，你是怎样把中国画的水墨与纯民间的色彩搞到一起的，并形成你独特的色彩体系？这是个大问题。

韩：墨是中国画的主调，也是中国人独有的，西方人的画里很少用纯黑。中国人的墨是一种语言，一幅画可以不用其他颜色，只用墨就足够了。中国画用墨讲究惜墨如金。其实不只惜墨如金，也惜纸如金，惜色如金。中国人在怎么把墨和其他颜色放在一起上面，琢磨了上千年。我认为最重要的经验是"惜色"。"惜色"就是不

《鸡》

下卷
天堂

破坏墨这种语言。民间的色彩只是简单几种颜色，不复杂，但是用起来也很讲究。这种讲究是给贫穷逼出来的。在民间，老百姓一年才吃几次白面馍馍呵，只有过年时候吃，还要庆祝过年，于是就在蒸好的雪白的面馍上边画个花儿。用颜色也得花钱呵，就弄来一点点玫瑰红和翠绿，放在小酒盅里泡泡，拿根草棍蘸着颜色在面馍上点个花儿。虽然简简单单，红红绿绿，但是非常漂亮也非常强烈。这不是惜色如金吗？

冯：看来你在墨的骨架放上民间的色彩时是惜色如金的，十分讲究的。

韩：不讲究就俗了，大红大绿不好玩啊。墨就更厉害了。墨还要玩出浓淡干湿。浓淡干湿就是调和色，调和色就是灰调子。黑白红绿是主角，是对比的，还要靠灰调子助推主角的精彩。

冯：墨的浓淡干湿又涉及水的运用，水也是个重要的角色，甚至是墨的生命。

韩：焦墨不是同样厉害吗？单一个黑，玩好了也不易。说起水，还离不开纸。中国的纸与西方不一样，中国的纸"洇"，"洇"就是灰调子。"洇"的学问就更大了。

冯：还有更多绘画技术性的问题我会另外与你谈。我想知道，你的另一画种——麦克笔画。这种画很独特，感觉特别，很美，很丰富。是你独创的吧？

韩：我画画什么工具都用。麦克笔画还要感谢田原，漫画家。七十年代中期我还没平反，没有毛笔和宣纸，就是画刷水画那时期。一次，在南京住在田原家，他桌上放着几支麦克笔，我没见过这种笔，一用感觉挺好。我的《百鸡图》就是用这种麦克笔在他家画出来的，后来别人也送给我几支这种笔。我这个画种就慢慢画出来了。

冯：你的麦克笔画在运笔上有一种奇妙的效果。这种笔的笔锋是扁方的，触纸的效果与众不同，关键是你很善于发挥它的特点。

韩：这说明困难对一个艺术家不是坏事。有时我还把它用到国画里，也很美。反正我形象至上，不管什么工具。

冯：你的动物画很可爱、亲和、纯真，即使很凶猛的动物在你笔下也变得叫人爱怜。为什么？

韩：我认为，只有从坎坷的生活里走出来，才懂得爱。我曾经得不到爱。在监狱里边没人给我送衣服，你知道单裤单褂、烂被子是怎么从一个个冬天里过来的吗？一天只有放风时才看到一次天空，下雨只能听到雨声。等我回到人间时，我有一种激情，我爱生活的一切，直到今天。现在吃完饭，桌上有几粒芝麻，我也会用手指蘸了放进嘴里。我常常会跟大自然、跟动物，也跟我画的动物说话。我认为这和我的人生经历有关。人间最大的爱是母爱，我感觉我用母爱对待它们。不论小蛇、小狐狸、小熊，都把它们当做孩子，就这么简单。

冯：你的画强调主题吗？

韩：年轻时注意，一张画没有主题就看不懂了，现在不是了，艺术无

绘画手稿（一）

道亦有道，爱什么画什么，爱画什么画什么。

冯：最后的问题是关于你的画本子。从你在淮南瓷器厂的《纳步》至今，大大小小的画本子就一直没离开你的手——

韩：是的。我画的画本子不计其数。在我一生用的时间上，最多的就是画本子，其次才是书法，单纯的绘画排第三。

冯：你在画本子上主要画什么？我看你这些画本上都是密密麻麻数不尽的形象，令我吃惊。

韩：作品构思、形象研究、变形、设计草图、天书记录等，都有。你刚刚说的那些无穷无尽的形象——总有几百万吧，这也是我对自己的"魔鬼训练"。

冯：你的"魔鬼训练"除去当初为了练手，练画，还有什么目的？

韩：你说得对。当初我做人的自尊都被拿去了，为了建立自己的自尊才对自己不客气，进行"魔鬼训练"。现在，老实说，咱俩都算"功成名就"了，还需要画得这么勤这么苦吗？可是咱俩都还带着学生，这么干对学生会有个影响。咱们需要真正的接班人。

冯：你画这些形象时也过瘾吗？

韩：在创作构思上边，我可以明明白白告诉你，没有过瘾，只有苦苦求索。这是我下苦功夫的地方。只有画起来时，也就是上了台时，才过瘾。另外一个，让观众过瘾是我的目的。但是在这之前所有的过程都是枯燥的，我把这两方面严格分开。

绘画手稿(二)

二、天　书

冯：咱们需要谈一谈你艺术世界里另一大项——天书。天书是你的书法，我想，在国际上你最受关注的恐怕是天书。一是你的天书具有很强的现代感和抽象性。还有，在西方人眼里，天书还有一种东方的神秘性。在西方人的东方观中，他们总是把关注点和兴趣点放在他们感受到的神秘性上。天书的神秘性不是你刻意制造的，因为天书里有文字的东西，这是一个民族深层的东西。即使这些古文字无法辨识，但它包含着远古人的思想、精神、意念。所以我以为，你的天书首先会受到国际的关注，当然这种充满创造性的现代书法艺术也会被国人欣赏。

韩：你说对了，明年的威尼斯大展，对方就提出要我用天书和岩画艺术来"感动世界"。

冯：在他们眼里，这是一种非常独特和纯粹的艺术，抽象的、现代的、东方的，这是他们没有的。关键是这东西后边有深厚的历史文化。好，我要来刨一刨你书法的根了。你是什么时候接触到书法的？

创作天书

学谁的？跟谁学？用什么方法学？

韩：几岁吧，小学时候寒暑假，家里怕我淘气，送到私塾学写字。一开始就学颜真卿，后来又临了一段柳公权。我老师看我性格比较硬，还是学颜真卿吧。

冯：你认为颜真卿适合你吗？

韩：后来我了解他，虽做过官，为了正义叫人勒死了，我敬重他。更体会到他的书法里有一股正气。

冯：刚正之气，端正之气，浑朴厚重，像用钢铁铸的。书如其人，这才是中国书法的传统。你最初学习的方法是私塾描红的方法吗？

韩：临帖，写不好，老师就用长条的板子打，打肿了，握不住笔，还得写。这就是我的童子功。

冯：我看你的书法还有汉简的东西。你喜欢汉简什么？

韩：汉简，像美人。你看我这本子上的几个"无"字，多美，全不一样，个个都美。

冯：端庄又潇洒，还有灵气。我尤其喜欢简书长长的直竖和横捺。

韩：这个尾端的"方"劲儿很难写，要很自如。

冯：看得出，你这些颜字和汉简的功夫都糅进现在的天书里去了。

韩：还有狂草。我在狂草上也下过很大功夫。

冯：关键是每一种字体后边都有非常厚重的文化与审美内涵，都叫你糅进天书里了。没有这些东西，单纯挺不错的一根根线条就是另

天书作品

外一码事了，就轻飘飘了。天书里还有一个重要的元素是古文字。在前边你说过，二十世纪七十年代，你从监狱出来后，从上海旧书店弄到《六书分类》《金文编》等古文字书，便着手研究和收集古文字。看来，你对岩画、钟鼎、甲骨、石碑上未能辨识的文字与图形都抱有极大兴趣。

韩：是，你看我身边这些本子，我直到今天还在不断地收集，一边收集一边整理，再把它们用书法的形式写出来。

冯：你现在的天书都是这种无法破解的古文字吗？都有出处吗？

韩：全有。你以为我有这么好的脑袋吗？这么神奇的字我能造出来吗？我能随随便便胡来吗？没有出处我一笔也不敢写，不能写。你看起来我写得很放，甚至有些不经意，但字体完完全全老老实实地依据古人。如果是我自己造的字怎么敢叫天书？我收集到的古文字千千万万，我写出来的只是其中很小的一部分。

冯：你把这种符号式的古文字看做一种另类的画吗？

韩：本来远古人就是用画来记事的。有些图形渐渐演化为文字。

冯：都说"书画同源"是从赵孟頫开始的，看来从远古就是这样。

韩：一开始就是一回事。不是书画同源，是字画同源，在远古人那儿，我打五个狐狸，就画五个符号告诉你，你说是文字还是图画？那时有赵孟頫什么事。

冯：你的天书是从什么时候开始的？

韩：开始没有，都是不经意的。开始我只感觉古文字这么美，由于无法辨识，古文字学家不要，扔在一边，书法家没人去写。我为什么不写出来呢？这是古人的创造，远古的美呵。我就写出来了。这还要感谢启功先生。他一次看到我收集这么多无人辨识的古文字。他对我说，这么美的东西，弃之可惜。你是画画的，书法底子又好，为什么不把它写出来。他给我的鼓励是一种动力。

冯：你的天书开始写得庄重，多用篆书、汉简，有时还有一些岩画。2008年出版的《天书》就是这种。渐渐草书进去了，进而是狂草，狂草一进去，你的个性也全融进去了，古文字内在的美被你张扬出来，你的个性也充分从中表现出来。这样，你天书进入一个全新的境界。你第一次真正拿出来向社会亮相，是在国博的韩美林艺术大展上吧。

韩：绝对是，狂草也是。

冯：这时已是非常成熟的天书了，你得到了艺术界广泛的认可与赞赏。有人把你的天书视为现代书法，因为你的天书有很强的现代感。

韩：当然，我是现代人，怎么会没有现代感。

冯：有人把你的天书视为一种抽象的绘画，你同意吗？

韩：可以啊，你怎么看都可以。每个人都有自己的欣赏角度。

冯：反过来，天书对你的绘画是不是也发生作用？我看你后来的汉简《般若波罗蜜多心经》也变得放达起来。

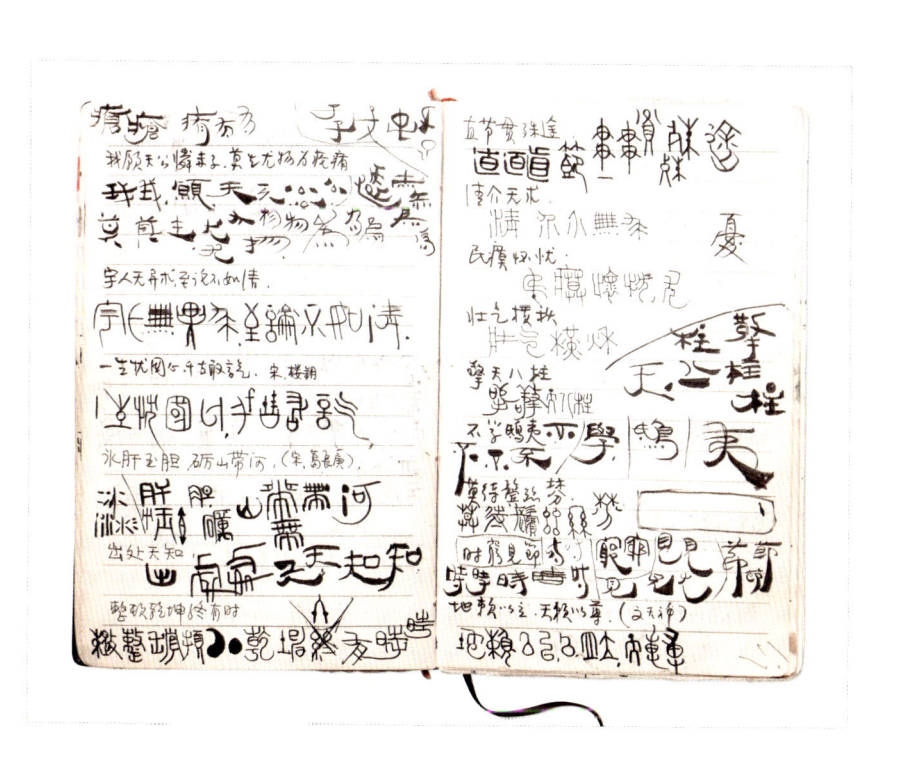

收集古文字的手稿本（一）

下卷
天 堂

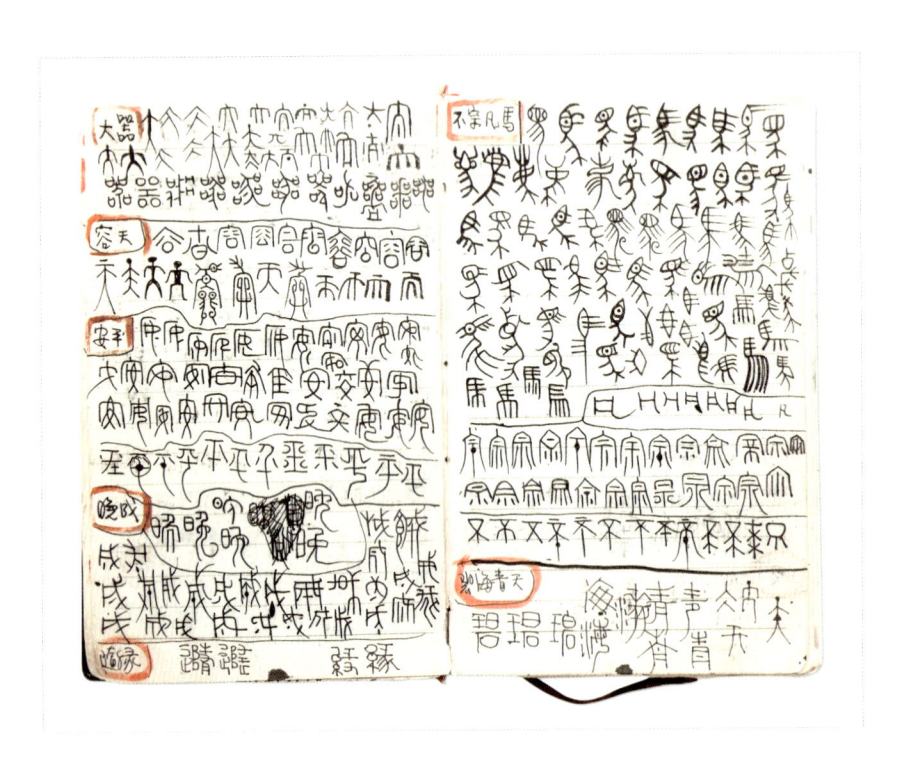

收集古文字的手稿本（二）

韩：肯定是相互作用。

冯：是不是形式上的作用，线的作用？

韩：绝对。天书中线的审美跑到画里了。不是有意的，是不经意的。还有一点，我是从美术角度切入天书的，我注重形象。天书表现出的新的抽象性的形象让我兴奋。从这点来说，天书对于我，既是书法，也是绘画。

三、雕　塑

冯：你是搞平面美术出身的，什么时候对雕塑有了兴趣？在淮南瓷器厂吗？你说那时你常给朋友与工人们捏些动物雕塑，还上了颜色，他们都很喜欢。

韩：不，要早得多。1949年参军做通讯员时，司令员见我喜欢画画，正好他调到济南市建塔委员会就带我去了，那里属军队管，给烈士建纪念塔，塔上有浮雕，有几个画家整天拿着炭条搞浮雕设计，我就接触上雕塑了。

冯：你对空间有占有欲吗？

韩：所有空间对于艺术家来说都是艺术空间，你看到那个地方，自然会想到放上一件什么艺术品，你对那空间一定会有艺术感觉。

冯：还有艺术的想象。我想知道，西方的雕塑重视解剖，中国的雕塑重视传神，你倾向哪边？

韩：我倾向于传神，但解剖是我的基本功，而且必须有这个基本功，人体结构呵，比例呵，我这些都掌握了。关键是学中国雕塑的传

雕塑创作中

神。比如我在湖北荆州刚刚落成的二十八米高的城雕《关公》吧，我不是把他作为一个关公，一个神化的历史人物来做；我把他当做一个正义象征，当做一座山来做；当成一阵雄风来做。雕塑还必须有一种感觉——神秘。

冯：这个神秘是一种深在的内涵，不能一目了然。

韩：不管你有多大气势、多大体量、多大张力，还得叫人揣摩。

冯：愈大的作品，向内的东西比向外的东西愈重要。我知道你很喜欢云冈北魏的雕塑，为什么？除去一般人常说的大气肃穆、庄严高洁，还有什么东西吸引你？

韩：还是刚才我说的——神秘感。我站在它面前百思不解。除此之外，还有青州的北齐造像，薄衣贴体，极美。谁说中国人不懂解剖？只是不懂医学解剖，其实人体所有重要的东西全有。

冯：一次我问钱绍武先生怎么看北齐的"薄衣贴体"，这种样式在北齐之前根本没有，之后北周又不见了。钱先生说受了中亚的影响。这话给了我启发。古人不是说"曹衣出水，吴带当风"吗，曹衣出水就是薄衣贴体，曹不兴是中亚人。

韩：我还对三星堆感到惊奇，他们怎么会想到"纵目"呢？怎么会这么夸张，这么厉害？我们的胆子为什么反而小了？我们敢不敢这么大胆？

冯：艺术史和科学史不同，不一定愈来愈"进化"。古代的人物质有

《母与子》

下卷
天堂

限，精神和想象的空间反而更大。

韩：艺术家不是在物质中活着，是在精神中活着。

冯：咱们再谈谈你的城雕。你的城雕体量都十分巨大，动辄几十米。近三十年中国进入一个大雕塑时代。在城市的高速发展中，在空前的造城运动中，迫切需要新的城市标志，城市雕塑便应运而生，这也与官员的政绩诉求相关。但是这给大型的雕塑的创作带来一个蓬勃发展的时机。你在全国各地的许多城市都有城雕名作。从大连老虎滩的雕塑，直到刚刚落成的武汉荆州的《关公》，都是巨型城雕。你认为我们需要这么大型的雕塑吗？

韩：我们现在城市的房子多高？古人不可能建这么高吧。老北京的城市天际线是平的，总共才十多米吧？在古代只有大山里才能看见大佛，那是因为佛的周围全是崇山峻岭。过去上海国际饭店才二十四层，便成了上海的骄傲。现在二十四层算什么？城市环境逼得我们必须把雕塑做大。既然是标志性雕塑，人家看不见，还能成标志吗？

冯：这话有道理，比如巴黎拉德芳斯的大拱门比起戴高乐广场上的凯旋门大多了，它成了现代巴黎的象征。你这些巨大的城雕想给人们一种什么感受？对自己城市的骄傲感、崇高感、自尊心、敬畏心？

韩：都有。比如放在钱江边的《钱王射潮》，我要表现这里的人民对一

在一件城雕作品完成前

下卷
天堂

种历史的向往——安宁,所以把民间传说中钱王射潮、保护地方安危的故事拿出来,高扬这种城市精神。再比如放在大庆的雕塑。那里原先什么都没有,一穷二白,一片荒原,几代人硬在大庆这块野地里弄出油来。我就用一只神奇的火凤凰,让它一层一层腾空而起,这不就是这块土地上人民的骄傲吗?

冯:你做过的城雕中最得意的是哪一件?

韩:都是自己的孩子很难说哪个好。为联合国教科文组织创作的《守望和平》是我最用心的作品之一。

冯:我很喜欢你为广州白云机场创作的雕塑《五云九如》,很空灵,有一种飞机起飞时飞扬的动感。动感是你雕塑的特点,也是你所有艺术的特点。因此你的作品都是活的,都有很强的生命力。有生命力的艺术一定有感染力。我还想问你另外一个问题,你的不少雕塑特别是铜雕,明显从战国青铜器中吸取了一些元素,你喜欢战国的青铜雕塑吗?

韩:战国的东西很严谨。从夏商直到这个时期还是奴隶社会,铜器显示它的财富、权力、杀人无数的制度,所以沉雄厚重,严谨坚实,有雄风。

冯:还有股子霸气。这股子霸气汉代还有,但是变得浪漫了、舒展了。汉代殉葬时不再用奴隶活人,改用陶俑作为象征,说明社会放松一些了。

《鹿》

下卷
天堂

深交所雕塑《龙盈乾坤》

韩：相比之下，唐代的东西比较甜了。

冯：也变得具象了。你从战国青铜器怎么取东西放在你的艺术里，它自成体系，又很严谨。

韩：我就一个字——糅。

冯：放在你个性的熔炉里？这一点其实又很难，它需要你超强的个性，以及文化的包容与消融的能力。最后，关于雕塑，再问你一个问题。

韩：问吧，有问必答。

冯：这个问题是关于你的艺术雕塑。你这些雕塑多为母爱、女性、婴儿，为什么？

韩：我的底线，爱，大爱。我还有很多动物雕塑。

冯：你的动物雕塑是你动物题材绘画的延伸吗？

韩：当然。动物是不会说话的，但它们正在灭亡，很多物种已经消亡。日本的朱鹭，就是中国的朱鹮，当年只剩下九只，我还画过一只，写上"第十只朱鹭"，现在日本的朱鹭已经绝种了，是我们人类把它们的生存空间抢走了。我当然要为它们说话，表现它们的美，唤起人们对它们的爱。霍金说，如果人类这样索取地球的话，五百年最多一千年地球就毁灭了。

四、设 计

冯：设计是你艺术世界中四兄弟之一，但它似乎最重要，它在你的世界中无所不在。无论在你的绘画里、天书里、雕塑里，都有设计的成分。由于它的存在，使你的各项艺术都具有强烈的形式感和冲击力，使你创造的形象更具整体性，使你的世界更加特立独行。其他画家很少懂得设计学这门艺术。中国传统绘画是没有设计元素的。在西方画家中，有设计感的画家也不多。马蒂斯有，毕加索有，再一个是前边提到的奥地利画家克里姆特。所以我们必须谈谈你的设计。你出身中央工艺美院，搞装饰、教装饰，你有专业的装饰思维和敏感，你深谙装饰美。在你现在的艺术创作中，设计仍然占了不小的比重。你的设计分为两部分。一是造型设计，它体现在你的陶瓷、玻璃器、木雕、宜兴壶等方面；一是图案设计，主要体现在染织、器物纹样，以及各种 logo 设计上。你的很多 logo 都很著名，如国航的标志。你的全部设计都鲜明地具有你的色彩，这很难，是你刻意追求的，还是不经意中渐渐形成的？

奥运会比赛项目图标

奥运会吉祥物福娃

国航航徽

下卷
天 堂

韩：艺术是顺其自然的，你只管把你的事用心做了，由着你的性情做了，风格是自己形成的。风格是无法追求的。矫揉造作、装腔作势不是风格。需要说明，我在设计上下的功夫是最大的。我在设计上用的时间比画画用的时间多得多。

冯：我想知道你要表现自己什么？

韩：设计与绘画不同，不是表现自己，而是必须考虑到对方。如果邀请你设计的是外国人，你首先就要知道他们的国家喜欢哪种花，不喜欢哪种颜色。

冯：你有喜欢的颜色吗？

韩：绘画有，但是设计不能有。颜色是油盐酱醋，设计师是一个厨师。炒菜时要咸就放点盐，要酸就放点醋，要辣就放点辣椒。你对颜色得一视同仁。需要什么用什么。

冯：你的设计理念是什么？

韩：分两个方面。一方面是美，这里边学问大了。另一方面是从实用出发。比如这个壶，壶把不能纤细，细易折断，壶嘴不能低，低就只能放半壶水。此外还有一个要点，是必须懂得制作材料和工艺，不懂得就会做不出来，懂得反而能够发挥工艺和材料的特点。

冯：你讲了设计的两个结合，一个与实用的结合，一个与工艺材料的结合。

韩：这是根本。在这先决条件下才是美的问题。

设计创作中

下卷
天 堂

冯：从你木雕的《椅子》看，不论造型还是浮雕的纹饰，你采用了大量古代与民间的信息。古典皇家的，敦煌的，纯民间的。你的设计也追求民族性吗？

韩：你可能没有看到，我把非洲的、拉美的、澳大利亚土著的，乃至东南亚的一些东西也糅进去了。在设计上我是开放的。与绘画不一样。当然，开放也不是大敞四开，主要还是民族的，因为我们民族的资源太丰富太深厚了。

冯：最后再谈两个问题。第一个问题，你设计也凭感性吗？

韩：所有艺术首先都是感性的。但是，设计有点例外。我的绘画与天书感性多一些，设计以理性为主。

冯：第二个问题。装饰艺术是外向的。你的另三个兄弟——绘画、天书和雕塑艺术是不是因为有设计元素，因而具有很强冲击力？

韩：你说得很对。装饰艺术是给别人看的，不像书画是给自己画的，只有你想到别人，别人才关注你。设计使我在乎别人的感受。

冯：这使你的艺术有广泛的受众。你的艺术没有过于小众化的问题。通过与你的交谈，使我发现很多重要的时代性艺术理论的问题，也使我更加坚信，所有个案都包含着广泛的意义与研究价值。

第四章

一个人的敦煌

冯：我对你的口述前前后后、断断续续已经做了两年多。你可能还记得开始是在2014年两会期间，那时我们天天晚上在北京饭店顶楼一个房间交谈。此后多次中断，不是你忙就是我忙，今年才痛下决心，一鼓作气把口述做了出来。现在将近完成了，一个想法出来了，就是对你进行一点总结性的工作。这工作有点难。可是，灵感总是在困难时出现——我忽然想，你的三个艺术馆不就是你最好的总结吗？你的艺术世界不就在你这三个艺术馆里吗？就从你的三个艺术馆谈起吧，世界上很少有艺术家拥有三个艺术馆，而且都是大型的。无论从规模、品类，还是数量上说，都太浩瀚了，所以我在你的北京馆建成仪式上说，这是你"一个人的敦煌"。你为什么要在杭州、北京、银川各建一个馆？它们之间在内容上有区别吗？

韩：杭州馆是综合性的，我的"四兄弟"全在其中。北京馆最大，作品不仅全面，数量大，而且经典；还不断有新创作的作品补充进去。

银川那个比较独特，它表现我与中华民族艺术源头的联系，与根的关系。

冯：还是一种对传统的敬畏，因为岩画与你关系非同寻常。这个馆的意义，一方面表现中国当代艺术家对自己文化的崇敬，一方面表现中华文明的川流不息，直到今天还被不断地发扬光大。你这三个馆规模有多大？陈列的作品会不会做调换？

韩：北京馆现在一万三千平方米，明年扩充到两万九千平方米。杭州馆六千平方米。银川馆七千平方米，现在正在扩建。作品每隔五年做一次大调整，平时有小调换。

冯：这种不断的扩建与内容的调换，是否与你一直创作旺盛有关？

韩：创作力旺盛是客观存在，我感觉堵不住自己。

冯：对于你这种创造力，有人说是"井喷"，我说是"核裂变"，朋友们都很奇怪，为什么你到这个年龄还有这样强大的创造力？莫言和刘诗昆不是都开玩笑，说要对你的脑袋进行"科研"吗？

韩：画家职业是个积累的职业，年龄愈大积累愈丰富愈深，而且相互发生化学反应。

冯：换一个话题。艺术品拍卖是艺术作品的传播方式之一，为什么你坚持不主动地进入拍卖市场？作品进入市场会对你有什么不利吗？

韩：不与商品过招，我才能前进。市场是要绑架艺术家的，我不让任

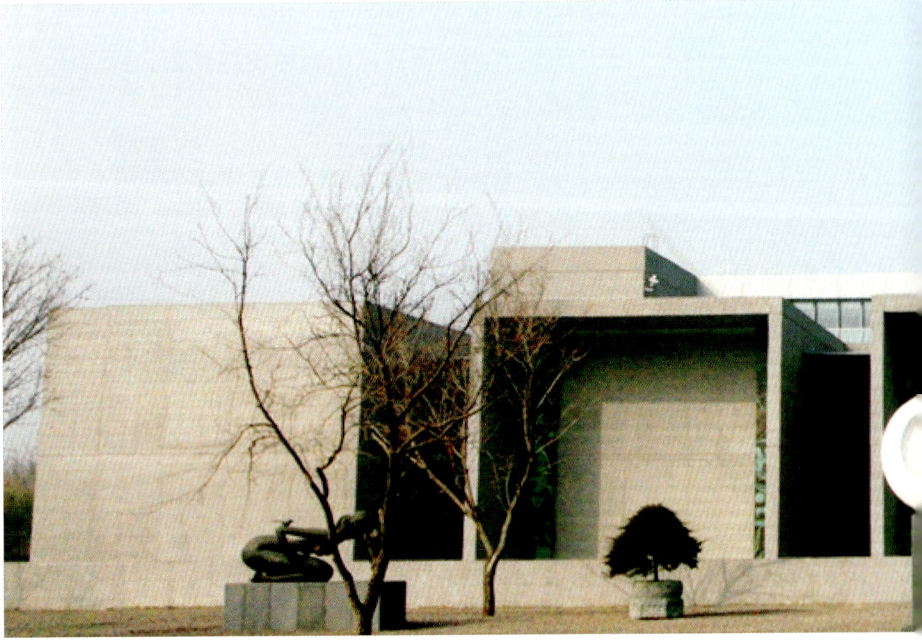

北京馆外景

下卷
天堂

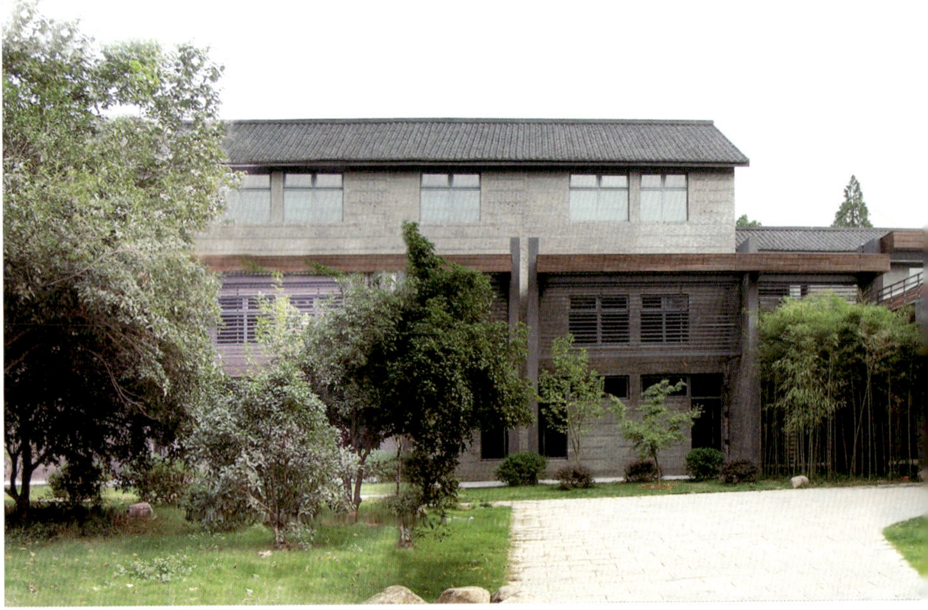

杭州馆外景

下卷
天 堂

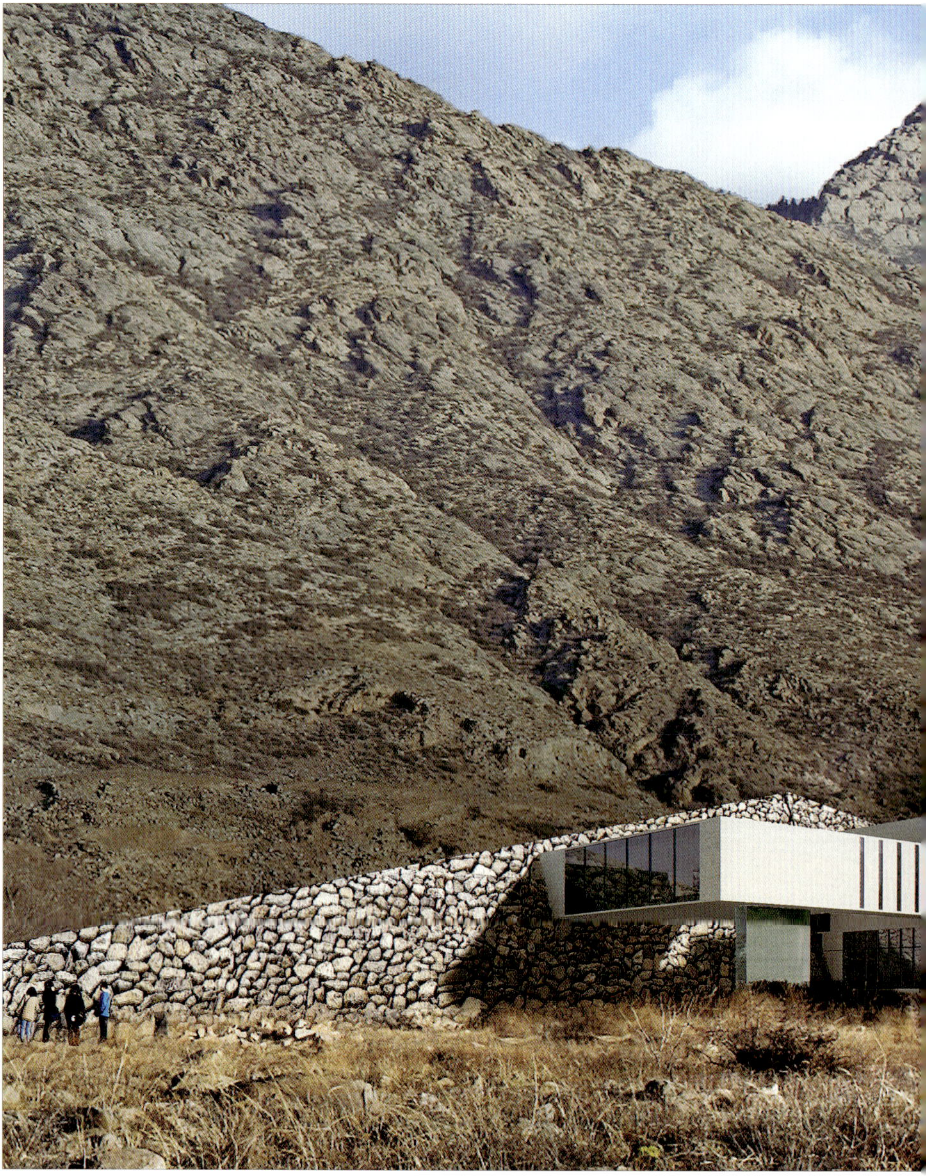

银川馆外景

下卷
天堂

何东西绑架我。我前边说了，艺术强调价值，不强调价格。只要自己过得充实就行，艺术之外的东西生不带来死不带去。我想好了——我走的时候就讲三个笑话告别朋友，告别人间，这就是我的"人生观"。

冯：我还关心你的两件事。一是大篷车，一是你的公益活动。你的大篷车是你走进民间与历史的主要方式吗？历史是指历史文化空间，比如贺兰山、云冈、大文化遗址，包括西方文明遗址。民间便是田野乡间了。

韩：我不能不接地气，没有地气我就没底气了。今年我已经跑了上万公里了。前两天加拿大还来请我的大篷车到他们那儿去，去给他们的土著做图腾柱。

冯：我知道你这个大篷车不是辆车，是一种采风行动的名称。你为什么称它"大篷车"？

韩：这是从印度一个电影里借用来的。一群演员坐着一辆大篷车，走到哪里演到哪里。我们也是这么干。我在进行染织、陶器、玻璃品等很多领域的创作时，都要到乡下去，同民间艺人一同研讨，了解他们的技艺。民间艺人身上可有很厉害的东西。

冯：你对民间艺术这种情怀到底是从哪儿来的？

韩：还是苦难。没有苦难，我怎么会接触和了解他们，怎么会爱他们？

冯：再一个是你的基金会。你做了那么多公益事业，你出于怎样的思

在画室中堆积如山的画稿

考？用什么方式？

韩：我应该支持穷苦的人，特别是穷苦的民间艺人。但有一条，我必须把这个支持送到他们手里，送到艺人手里，送至学校学生的手里，直接交给他们，我不通过官方。

冯：这两个问题完了。最后还有两个问题更需要你的声音——这两个问题必须你说才算数。

韩：你说吧。

冯：你的妻子周建萍是你人生中来得最晚，也是最重要的人。我和你三十多年的朋友，我知道她对你的意义。她是你迟到的伴侣、感情的归宿，也是你事业真正的奉献者。她是在你的艺术世界正要全面开拓的时候出现的。你的三个艺术馆都是她亲手亲力操办帮助你建成的。你家里家外千头万绪的事情及其压力，她都承担了。你每次出现在大庭广众之下，却很少能见到建萍的身影。

韩：是的，她不参加。

冯：但是她在你的世界中无所不在——这就是妻子。对于一个男人来说，真正的妻子是无所不在的。她是一个有很高境界的女性。你来说说"妻子"这两个字美妙的含义吧。

韩：我不客气地讲，全心全意投入我的事业里面，给我最大的支持的，排第一的就是我太太。

冯：行了，你讲得很真诚，直率，你说"排第一"。这句话是你的风

与妻子周建萍

下卷
天堂

在国博举行的艺术大展上

格,到位了。朋友们都知道为你这种超即兴、任性、拼命的人做奉献需要付出多大的代价。现在问最后一个问题。

韩:问吧。

冯:回顾你这一辈子的事。应该说老天亏欠了你,叫你受苦受难,苦了人生的一半;老天也偿还了你,在你人生的后一半时间里,让你随心所欲地干你痴迷的艺术,还给了你一个能力超群的助手与真正理解你的伴侣,而且你八十岁了,依然这么精力旺盛,才思敏捷,脑瓜特灵,说说"命运"这两个字奇妙的含义吧。

韩:人啊,遵命吧。我的命很神,也很奇,但我并不傻。

(2016.8.1)

附录

大话美林

一

在当今画坛上,能够让我每一次见面都会感到吃惊的是——韩美林。

昨天刚被他一种全新的艺术语言所震撼,今天他竟然把他的画室变成一片前所未见的视觉天地。

一刻不停地改变自己,瞬息万变地创造自己。每一天都在和昨天告别,每一天都被他不可思议地翻新。然而,真正的才华好似在受神灵的驱使,不期而至,匪夷所思,不仅震动别人,也常常令自己惊讶。每每此时,他便会打电话来:"快来我的画室,看看我最新的画,棒极了!"他盼望亲朋好友去一同共享。等到我站在他的画前,情不自禁说出心中崭新的感动时,他会说:"你信不信,我还没开始呢!"

这是我最爱听到的美林的话。

此时,我感到一种无形而磅礴、不可遏制的创造力在他心中激荡。他像喷着浓烟的火山一样渴望爆发。这是艺术家多美好的自我感觉与神奇的时刻!

二

美林的空间有多大?这是一个谜。

二十多年来,我关注的目光紧随着他。一路下来,我已经眼花缭乱,甚至找不到边际与方向。一会儿是一片粗粝又沉重的青铜世界,一会儿是滑溜溜、溢彩流光的陶瓷天地;一会儿是十几米、几十米、上百米山一般顶天立地的石雕,一会儿是轻盈得一口气就可吹起的邮票;一会儿是大片恢宏、变幻万千的水墨,一会儿是牵人神经的线条,或刚劲或粗野或跌宕或飞扬或飘逸或游丝一般的线条。一切物象,一切样式,一切手段,一切材料,都能被他随心所欲地使用乃至挥霍,他要的只是随心所欲。

在这心灵的驰骋中,艺术的空间无边无际。地球可以承载整个人类,每个人的心灵却都可以容纳宇宙。尤其是艺术家的心灵。他们用心灵想象,用心灵创造,更因为他们的心灵是自由的。

美林艺术的灵魂是绝对自由的。这正是他的艺术为什么如此无拘无束与辽阔无涯的根由。

谁想叫他更夺目,谁就帮助他心处自由之中;谁想叫他黯淡下去,谁就捆缚他约制他——但这不可能——他就像他笔下狂奔的马，身上从来没有一根缰绳。

三

美林还是评论界的一个难题。

这个兴趣到处跳跃的任性的艺术家，使得评论家的目光很难瞄准他。他艺术中的成分过于丰富与宽广。如果评论对象的内涵超过了自己熟知的范畴，怎样下笔才能将他"言中"？

在美林各种形式的作品中，可以找到中西艺术与文化史的极其斑驳的美的因子。艺术史中各个重要的艺术成果，不是作为一种特定的审美样式被他采用，而是被他化为一种精灵，潜入他的艺术的血液里。就像我们身上的基因。

依我看，他的艺术是由三种基因编码合成的。一个是远古，一个是现代，一个是中国民间。

在将中国民间的审美精神融入现代艺术时，美林不是以现代西方的审美视角去选择中国民间的审美样式，在那一类艺术里，中国的民间往往只剩下一些徒具特色却僵死的文化符号。在美林笔下，这些曾经光芒四射的民间文化的生命顺理成章地进入当代；它们花花绿绿，土得掉渣，喊着叫着，却像主角一样在现代艺术世界中活蹦乱跳。

同时，我们审视美林艺术中古代与现代的关系时，绝对找不到八大、石涛或者毕加索、达里的任何痕迹。然而中国大写意的精神以及现代感却鲜明夺目。美林拒绝已经精英化和个体化的任何审美语言，不克隆任何人。他只从中西文化的源头去寻找艺术的来由。

我一直以为，远古的艺术和乡土之美能够最自然地相互融合，是因为这些远古艺术，大地上开放的民间之花，都具有艺术本源的性质、原发的生命感，以及文明的初始性。而这些最朴素、最本色的文化生命，不正是当前靠机器和电脑说话的工业文化所渴望的吗？

因此说，美林的艺术既是现代的、人类性的，又是地道的华夏民族的灵魂。

四

美林的世界都是哪些角色？

只要一闭眼就能涌现出来——倔犟的牛、发疯的马、精灵般的麋鹿、嗷嗷叫的公鸡、老实巴交的羊以及叫人想把脸颊贴上去的无极温柔的小兔小猫。

其实它们并不是美林客观的"绘画对象"，而是画家一时心性的凭借。美林性格中那些与生俱来的执拗、坚韧与率真，心绪中那些倏忽而至的昂奋、快意与柔情，全都鲜活地表现在他笔下这些生灵的身上。我从来都是从这些生灵来观察他当时的生命状态。在我的学院大楼落成剪彩那天，美林送来一匹丈二尺的巨马，这马雄强硕大，轰隆隆奔跑着，好似一台安装上四条腿的蒸汽机。我对美林说：凭这股子元气你能活过一百岁！

美林世界里的一切都是他生命的化身。不知还有谁的艺术拥有如此纯粹的生命感。他时不时会顺手拿起身边一件亮晶晶、造型奇特的陶壶陶罐，对你说："看这小胖子，多神气！"或者"瞧它呼呼直喘气，可爱吧！"

这种生命感，还从形象到抽象，从画面上每一根线条到他神奇的天书。

这些来自于汉简、古陶、岩画、石刻、甲骨和钟鼎彝器的铭文中大量的未可考释的文字，之所以诱惑着他，不只是每一个文字后面神秘莫测的历史信息，而且是至今依然带着远古人用来传达所思所想时生命的活力与表情。美林之所以把它们重新书写出来，不是对这些罕见的古文字的一种审美上的好奇，更不是在视觉上故弄玄虚，而是想唤醒那些遥远而丰盈的生命符号和符号生命。

美林的世界的所有角色，其实都是他自己。任何杰出的艺术家都是极致的自我。为此,这个好动的画家笔下的一切,都充满动感,很少静态;过分的情绪化,使得他喜欢瞬息间完成作品,阔笔泼墨自然是其拿手的本领。天性的豪气,令其书法字字如虎。他不刻意于琐细,没有心思在人际之间做文章,甚至不谙人情世故,所以千差万别的个性的人物,从来不进入他的世界。有人问他:"你为什么不画人物?"

我在一边说:"刻画人物是作家的事。"

五

美林的原创力是什么?

在美林艺术馆一面很长的墙壁上挂着一百多个小瓷碟。每个小碟中心有一幅绘画小品。虽然,画面各不相同,但画中的小鸟、小兔、小花,连同各种奇妙的图案都在唱歌。这是美林与建萍热恋时,他从电话中得知建萍由外地启程来看他——从那一刻起,他溢满爱意的心就开始唱歌。他边"唱"边画。各种奇妙之极的画面就源源不断地从笔端流泻出来。爱使人走火入魔,进入幻境;幻想美丽,幻境神奇。美林全然不能自制,直到建萍推门进来,画笔方歇。不到一天,他画了一百七十九幅小画。这些画被烧制在一般大小粗釉的瓷碟的碟心,活灵活现地为艺术家的爱作证。

尽管谁都愿意享受被爱，但爱比被爱幸福。爱的本质是主动地给予。这个本质与艺术的本质正好契合。因为，艺术不是获取，而是给予。爱便成了美林艺术激情勃发的原动力。美林的爱是广角的。他以爱、以热情和慷慨对待朋友，对待熟人，甚至对待一切人，以致看上去他有点挥金如土。这个爱多得过剩的汉子自然也常常吃到爱的苦果。不止一次我看到他为爱狂舞而稀里糊涂掉进陷阱后的垂头丧气，过后他却连疼痛的感觉都忘得一干二净，又张开双臂拥抱那些口头上挂着情义的人去了。然而正是这样——正是这种傻里傻气的爱和情义上的自我陶醉，使他的笔端不断开出新花。其实不管生活最终到底怎样，艺术家需要的只是此时此刻内心的感动与神圣，哪怕这中间多半是他本人的理想主义。

哲学家在现实中寻求真理，艺术家在虚幻里创造神奇。

到底缘自一种天性还是心中装满爱意，使美林总是尽量让朋友快乐，给朋友快乐？他以朋友们的快乐为快乐。他的艺术也是快乐的，从不流泪，也不伤感，绝无晦涩。这个曾经许多次与死神擦肩而过的汉子，画面上从来没有多舛的命运留下的阴影，只有阳光。他把生活的苦汁大口吞下，在心中酿出蜜来，再热辣辣地送给站在他画前的每一个人。美林是我见过的最阳光的画家。

最大的事物都是没有阴影的。比如大海和天空。

然而爱是一定有回报的。因此他拥有天南地北那么多朋友，那么广泛地热爱他艺术的人。如今韩美林已经是当今中国画坛、当代中国文化的一个符号。这种符号由国际航班带上云天，也被福娃带到世界各地。更多的是他创造的千千万万、美妙而迷人的艺术形象，五彩缤纷地传播于人间。这个符号的内涵是什么呢？我想是：

自由的心灵，真率的爱，深厚的底蕴，无边而神奇的创造，而这一切全都溶化在美林独有的美之中了。

(本文为《韩美林画集》序言，2006.5)

神笔天书

当我们的手捧到韩美林这部书法巨作《天书》时,一件中国书法史和艺术史前所未有的作品即已问世。我深知这部作品在书法、绘画、文化以及文字史等诸多领域的非凡价值,故而在美林长达一两年的创作期间,不断地探询他的进度与状态。每次他都给我以振奋。或是大声说:"已经一半了,特棒!"或是"马上完工,等着来剪彩吧!"

究竟是怎样一部作品使我如此期待?打开手中这部书吧。成千上万、千姿百态的古文字喷发而出,然而细看,却没有一个字能够识得。它们古怪、奥秘、奇幻甚至诡谲,这是韩美林的随心所欲臆造吗?当然不是。它们全都是我们祖先用心创造并使用过的!而且至今还保存在那些上古的陶片、竹简、木牍、甲骨、岩画、石刻和种种钟鼎彝器的铭文中。它们或许是秦代李斯用小篆统一文字之前某些文字的异体字,或许只是先人标记某些事物的记号,但其中真正的含意早已被历史忘得干干净净。

人类初期的文字史错综复杂,变化多端,甚至无章可循。在公认的文字符号没有确定之前,所有文字都是飘忽不定的。一个概念或一件事物，可能有五种六种八种十种写法，而许多写法渐渐被废弃了，今天的人根本无法读懂。诸如苏美尔城乌克鲁遗址中写满楔形文字的泥板、埃及神庙里刻着大片大片象形文字的石柱，还有克里特岛的腓斯特斯泥盘以及玛雅的石刻中，也处处可见这种遥远而艰涩的符号，每一个符号都是一个谜。可是美林却从这迷雾里感受到一片恢宏又神奇的充满"古文化感觉"的世界，并一头栽进去，如醉如痴地深陷其中。

人类的文明的旭日是文字的诞生。自从人类使用文字来记录和记忆，文明便走向精致与深入并有了积累。远古人究竟是怎样想到使用文字符号的，真是匪夷所思；更令人惊讶的是，地球上所有大文明的发源地，几乎都在同一个时期——6000年前出现了文字！故此说，汉字绝不是黄帝和史官仓颉个人之所创。它是人类史一次文明的飞越！

在汉字产生的初始时期，人们自发地创造文字，任凭想象，无拘无束，自由发挥，但这个时代到了秦王朝统一中国后便被终结了。秦始皇一统天下至关重要的三个"宏图大略"都是丞相李斯的主意。一是军事上对诸侯列国的"各个击破"，一是思想上的焚书，一是统一文字。前两个主意出于政治的需要，而后一个主意——统一文字对于中华文明却是一个伟大的贡献。

中国疆域辽阔，地域多样，各地的南腔北调有碍沟通，惟有文字可以畅通无阻，但这种文字必须是经过标准化和格式化的。因此说，秦王朝统一文字有助于中华文化的整体化。但那些被割除在外的大量的文字符号，从此弃而不用，被人忘却，失落在历史的尘埃里。所以，在后世的书法艺术中它们再也没有露过面。

这些古文字，在常人眼里是一些晦涩的艰深的怪异的冷冰冰的符号，在韩美林眼里却是有情感的有表情的活着的生命。于是，关切、钻研、体验这些失忆的古文字并为其"招魂"便成了美林艺术生涯一部分重要的内容。有谁知道，在美林完成这件《天书》之前，对古文字的搜集长达三十年。从大量的古陶上、铜器里、碑文与考古报告中，被美林搜罗到的古文字竟达三万之多！如今，这些古文字都在这部《天书》中活蹦乱跳、千姿百态地展现出来。

艺术史上有人提出过"书画同源"，有人提出"字画同源"吗？

"书画同源"是画家的主张，"字画同源"却是文字史的一个事实。

远古人在记录一种事物时，首先是图其形。最早的文字是图像化的，最早的绘画是具有文字意义的。人类最初的文字不都是象形文字吗？汉字也是一样。虽然以后经历不断的演化，但这种方块里千变万化的汉字至今仍具有可视的绘画基因，这也是汉字能转化为其独有的书法艺术的根本原故。于是,"字画同源"就成了美林这部《天书》的历史由来与文化依据了。

然而,美林不是将这些被遗忘的古文字重新书写出来,而是将他个人的性灵投入其中,透过漫长岁月的重峦叠嶂,去聆听与叩问古人最初的所思所想,以及原发的想象和创造的自由。尽管他也不能破译每个古文字的本意——他也并不想做那些执著的古文字学者的事。他凭着艺术家特有的感觉去心领神会人类初始的精神与美感。

当然,其中还有鲜明的韩氏的艺术美。

这种美来自他的气质。凝重、雄劲、率真、自由和不竭的激情。他的天性气质与古文字原有的气质是不是有些相近和相通?反正我已经说不好到底是古文字对他影响得多,还是他的艺术个性参与得多?

作为画家美林的书法,更具有绘画感。当他把文字学意义的古文字转化为书法艺术的"天书"时,他的审美品位、对形象的敏感,以及视觉形式上无穷的创造力自然而然地融入其中。

他旗帜鲜明地将绘画介入书法,从而使书法更具视觉美和形式感,更具画意。如果没有韩美林这样的若有神助的画家,何来神奇美妙的"天书"?

《天书》是一部文字学的大书。美林首次收集了远古时代失散于各处的古文字,并诉诸书法。这使得《天书》首先是一部古文字的图录。它书录的古文字超越万字。洋洋大观地展示华夏先民无穷的文化创造力。美林好似把我们带到五千年中华文明的源头。站在此处,放眼一看,千千万万形形色色的古文字,如大海浪花,闪烁无涯。

《天书》又是一部特立独行、无限美妙的书法巨作。是艺术家的爱意使这些在历史中几乎死去的古文字符号一个个复活过来;它们,既陌生又熟悉,既神秘又亲切,既深奥又贴近,既奇特又美丽。经他挥洒,获得了美的再生。

我相信《天书》是韩美林一部重要的作品。不仅因为它在文字史、书法史、文化史中的价值,还因为这是美林倾尽一生的心血的终极成果。

它的意义究竟多大?

老天生了一个美林,美林生了这部《天书》。

(本文为韩美林书法集《天书》序言,2006.11.12)

意象山水

美林最得意的事，是吓你一跳。

这"吓"，可不是寻奇作怪，爬高弄险，故作惊人之态。而是他全新的创造，是非凡的想象力，是超出你对他能力估计之外的一种意想不到的现身，是天上掉下个林妹妹。

韩美林会画山水吗？你问人，人家会反问你：韩美林画过山水吗？没有。可是现在他把一本比大石板还重的山水画集压在我的手上。

打开画集，老实说我没见过这种山水。没有具体、实在和确切的形象，没有传统的勾皴点染，没有古人也没有当今任何已知的熟悉的面孔，然而却叫我感受到大山在阳光照耀下的炫目，背阴时的雄峻又冷峻；还有捉摸不定的烟云，空旷无声的溪谷，站在危崖上静如处子的小树们，以及不知为什么欢腾起来的群鸟……然而这一切却不是刻画出来、描述出来、营造出来、表现出来的；看吧，大片大片洇开的色渍，阔笔挥洒出酣畅的水墨，状似随意搓染的肌理，以及任由饱含水分的墨彩在宣纸上自由自在地千变万化。于是，种种灵动的山水情境就这样"化生"出来了。

此刻，评论界一种可怕的僵化的问题一定会出现——

这是什么山水？宋元？文人画？大写意？还是由西方舶来的抽象绘画？对不起，都不是。

传统的中国画是具象的，现代西方是抽象的。韩美林的山水既非具象，亦非抽象。那是什么？别忘了中国人还有一个概念叫做"意象"。

"意"是中国文化的特产。

比如意境。西方绘画只有境界——"空间的境象"，没有意境一说。但中国画特别是山水画最讲究意境，甚至把它作为评判一幅画高下的标准。中国人所谓意境，是将意，即意念、意味、诗意、情怀、滋味等融入"空间的境象"里，这样它就不再仅仅是视觉而是内心的了。同样，绘画中的形象在中国也有这样更深的一层，便是意象。然而中国人这种意象既非纯抽象，也不否定具象，而是在形象和抽象之间；为了使"意"更自由更充分地表达，它不以刻画与描述为能事，不受具象制约，不让视像限定想象。从这个意义上说，韩美林的山水不正是意象的山水吗？

在清初四僧的山水、禅画以及泼墨写意中，从米家父子的雨点皴到黄宾虹的积墨里，我们经常可以看到这种意象，但多为局部，韩美林的山水却是全部的彻头彻尾的意象。

正因为韩美林的形象观，不是西方的抽象，而是中华文化的意象。他的山水便具有中国气质，同时又富于现代精神。

创造力经常陷入疯狂的韩美林，像野牛一样闯入山水画中。不经意地给山水画的发展提出一个新的研究课题。这一来，又把我们吓了一跳，我忽然想，他还不能画什么？

是为序。

（本文为韩美林画集《嚼山嚼水》序言，辛卯将至于心居）

向一位天才的艺术家致意

我首先要代表美林的好朋友们说几句。我们想说,每次韩美林办展览,我们都不是招之即来,而是闻风而动,奔走相告,不请自来,相约在展览会上,准备好接受艺术家给我们的一次震撼。

但不管你做了怎样的准备,美林一定还会给你一种超乎意料的震惊,比震惊更强烈的是震撼。

记得十年前韩美林在中国美术馆办艺术展,近三千件作品装满十一个大厅。这次国家博物馆为韩美林提供了六千平方米,也用作品填满,当然还远远不是他十年来创作成果的全部。谁能用作品充满这样巨大的展厅?大概在座的只有谭利华和他的北京交响乐队能用声音将这空间充满。

在韩美林这些极富个性与张力的艺术中,叫我们读到了从远古的岩画、古陶、西周的铜器、汉代漆器与画像石、南北朝的造像、盛唐壁画与宋代陶瓷等传统文化的因子与历史的厚重。

近百年来由于中西碰撞,东西方文化如何在冲突中确立自己,一直为艺术家们苦苦探索;而最近三十年的改革开放,又给艺术带来"现代性"等新的话题与挑战。在这方面,韩美林所做的大胆和充满创造的尝试,我们的理论界必须面对并做出回答。

我们应该肯定——韩美林是一位当代罕见的天才艺术家。

艺术本质是生命创造与创造生命。创造源于想象。一次,韩美林与我去参加一个无聊的会。会议开始时,韩美林打开本子,扭头对我说:"我画牛啦!"他便开始画,各式各样的牛随手画出——温顺的、倔犟的、昂立的、困倦的;汉画像砖那样的、青铜器上那样的、岩画上那样的、民间剪纸那样的……一个多小时的会,他画了三百多只各不相同的牛,如果会没散,他还会继续画下去。这是什么样的、哪里来的创造力?我看着他,忽然想起哈姆雷特那句台词:"你即使把我放在火柴盒里,我也是无限空间的主宰者。"

什么是天才?天才的秘密是什么?我一直想找到答案,现在有了——天才的秘密还是天才;天才是与生俱来、特立独行和不可复制的;天才是世界有了他就会多一块,少了他就会少一块。所以我对韩美林说:你是天上掉下的林妹妹。

再说说韩美林这个人。

他是个以真实与真率生活的人,用情义生活的人——当然这也是最幸福的生活方式。我最欣赏他的还是对世俗的无知。

他不识数,所以他无法做生意;

他毫无功利之心,又太感情用事,所以他的画多半都送人了;

他嫉恶如仇，又不管场合，不知轻重，因此常放炮，得罪人；

但是对于这样一位创造了如此巨大成就的艺术家，我们还苛求什么？还是说歌德那句著名的话吧：只有太阳可以带着斑点运作。

我们这些韩美林的朋友，彼此之间，有一个共同点，都把欣赏别人的优点作为一种幸福。我与韩美林身高比例过于悬殊，我比他高三十五公分，所以与他站在一起时我必须俯视他，但我的心却经常在仰视他。

此刻，他又一次叫我仰视他。

今天出席韩美林画展的朋友们都想托我告诉他：你是自由的，你尽管随心所欲，但你要爱惜自己，不要把自己用得太苦；注意张弛，少去开会和应酬，多吃好的，别忘吃药，以更放松的心情和更充沛的精力，创造出更棒的作品更多的美，奉献给民族与人民。

（在"韩美林艺术大展"开幕式上的即兴致辞，2011.12.26）

在北京韩美林艺术馆开馆仪式上的致辞

大家好！其实不仅是我，今天在座的很多艺术家，都是美林要好的朋友，是美林的知己和知音。

大家都把美林当做孩子，当做一个大孩子。就是因为他历尽了命运的很多曲折之后，仍然保持着孩子般的率性与任性，也保持着孩子般那样的真诚，对谁也不设防，整天脑子里全都是幻想。

韩美林这样的一个人，这样的一个艺术家，他是孩子吗？

孩子能够拥有这样一个巨大的建筑——北京韩美林艺术馆吗？里边能够装满数千件惊世骇俗的艺术作品吗？能够把天上飞来飞去的国航飞机的尾翼上画上韩美林设计的朱红色的凤凰吗？能够让那些福娃在中国遍地走吗？能够在大江南北，在我们旅游的时候，经常会看到韩美林设计的动辄数十米，甚至上百米的那些巨型的雕塑吗？

韩美林哪儿来的这样磅礴的创造力？

是对大地的爱？是艺术的激情？还是美的狂想？

在人民大会堂韩美林《天书》新闻发布会上，我说过：我整天跟韩美林在一起，但他在我身边仍是一个谜。我总怀疑韩美林身上有一种艺术的核能,他用那种核裂变的方式来完成每一年至少有一千件作品的惊人的创作。韩美林的艺术境界是博大宽广的,具有最现代的,同时也最具有远古和民间的文化精灵与审美精灵,很少有艺术家能够跨越这么多的领域——陶瓷、雕塑、书法、绘画,还有造型设计等,而韩美林在这些领域里纵横驰骋,并都取得了非凡的成就。

说到这里,我觉得韩美林在我们的眼里已经不是个孩子了。他是我们这个时代的一个艺术的巨人,一个只有一米七高的巨人。站在韩美林对面的时候,由于我个子太高,我的眼睛不得不用俯视的目光来看他,但是我的心经常仰视我的这位尊贵的朋友。享受或欣赏自己的朋友也是一种幸福。我想,在座的很多艺术家都会用欣赏的眼光去看韩美林、去爱韩美林!

然而,我今天仍然需要给韩美林提醒,韩美林今年七十二岁,作为物质的身体生命,七十二岁是应该重视的;但是作为精神的、艺术的生命,不管他七十、八十、九十,韩美林永远是四十、三十、二十,甚至于更小,是个可爱的、非凡的孩子。

谢谢大家,我的讲话完了。

(2008.6.25)

在杭州韩美林艺术馆开馆仪式上的致辞

我作为美林的朋友，也代表今天从北京来的朋友，站在这里，心里感到非常骄傲。有这么多的朋友跑过来，肯定给我们民航的航班造成了压力；能够给民航的航班造成压力的当代艺术家，大概只有美林了。韩美林凭什么有那么大的魅力，我想一方面是艺术魅力，一方面是我们大家都感受到的美林的人格魅力。我们都是美林的追星族。美林到哪里办画展，我们都会去。为了什么？因为美林的每一件作品都是新的。他从来不重复自己。这些作品都是从他生命中迸发出来的。他像一个原子反应堆，不停地裂变，不断地再生，灵感喷涌。美林的想象力是不可思议的，他的创造力是令人惊叹的。所以，美林经常说他到现在好像还没有开始。每一个艺术家都是一个谜。我们能够解释美林这个谜的只有一点，就是美林对于生活的激情，对于大地的激情，对于人民的激情，对于朋友的激情，对于美的激情。激情是艺术的动力，爱情也是一种动力，这个动力只有周建萍知道。我们羡慕杭州人，杭州人有福气，因为美林是杭州人的女婿。但是我不知道杭州人用什么办法把人间的姻缘转化成为美的姻缘。把一种艺术的美融入到大自然和历史人文异常优美的环境中来，建起这样一座美术馆。走进这座艺术馆，规模之宏大，艺术之灿烂，让我感到惊讶，感到震撼。这里像敦煌，是一个人的敦煌。他的美为杭州的人文增加了含金量，也给苏杭的文化增加了新的人文内涵。所以，我们为美林的艺术能够在这里开花结果而高兴。希望美林像朋友们一样地爱惜自己的身体，让身体更棒，让生命更强，让艺术更美，让自己的黄金时代常在。

(2005.10.19)

在银川韩美林艺术馆开馆仪式上的致辞

今天这么多好朋友，这么多艺术界的好朋友，这么多来自全国各地的当代顶级的作家、艺术家、学者、专家来到这里；在冬至将至、最寒冷的季节即将到来之时，到这里寻找一种温暖。这温暖、真诚、美妙，它便是我们与今天的主人韩美林的一份情感与友谊。

还有一种是对文化的热爱。因为我们知道，伟大的贺兰山岩画是韩美林艺术的母亲，是他的源流之一。今天，韩美林的艺术馆就矗立在这个源头。谁敢把美术馆搁在这一大片荒山野岭里面？这是一位走向世界的艺术家，回过身来又拥抱一下自己的母亲。这让我们深深的感动，一种温暖的感动。

还有一个词叫"感恩"，是对艺术的感恩，对文化的感恩。谁有这样的感恩？谁有这么大的举动？刚才我们在艺术馆看，上千件作品，每一幅，每一件雕塑，都是心血，倾尽了全部心血，几千件作品，就送到了这里，送到了自己的源头，这是对祖国文化真正的爱，这也代表着我们文艺家对祖国文化的深情与大爱。如果我们整个民族，各方面社会的管理者都有这样的对文化真诚的爱，我们中国的文化不愁繁荣，我们中华民族也不愁昌盛。

中国一百多年来，我们的文化界、艺术界，特别是美术界，一直在寻找一种语言，这种语言是现代中国的美术语言，现在韩美林给了我们一个启示，一个已经赢得了成功的启示。在艺术馆里我们可以看到，历史在这里不是死去的，它被韩美林的个性和艺术的才华唤活了。韩美林是个小个子、巨人般的艺术家，他艺术迸发的速度太快，他太高频率，他太疯狂，他太任性；有时我们希望他歇一歇，给自己多留一点空白；而有的时候，我们又希望他多画一些画，多留一些美在人间。所以我们希望美林当然要珍重身体，吃东西的时候要择好的吃，睡觉要自然醒，要少开会多画画，尽情地发挥你的才华，健康长寿一定陪伴着你。祝福美林，祝贺美林！

(2015.12.21)

韩美林艺术馆（银川）馆记

　　树高百尺，根在大地；江河万里，情系源头。昔时韩美林曾深受远古岩画的滋育，今日贺兰山则喜获艺术大师的回报。千件相关于岩画之力作，慨然相赠，如此文化情怀，当世何有？诚文化之佳话，艺术之盛事也。于是，银川人民政府决议在贺兰山岩画遗址公园内建造韩美林艺术馆，以使这些艺术珍品得到永久的保存和展示，公众得以观赏，学术堪可研究。

　　韩美林艺术馆（银川）于2015年12月21日建成开馆。本馆是继杭州、北京之后，中国第三座展出韩美林个人艺术的专馆，占地15868平方米，建筑面积6604平方米，馆内设五厅二室一廊一区，分门别类展示韩美林岩画题材的作品，包括绘画、书法、雕塑、陶瓷、染织等，这些作品不仅使西北地区人们能够欣赏韩美林巨量原作，丰富的创造力和阔大斑驳的艺术世界，亦可以由此与近在咫尺的贺兰山岩画的相互观照中，看到远古文明与当代艺术的生命联系，认识到中华文化的源远流长和生生不息。

　　此举重要，意含深远，因是记焉。

(2015.8.20)